回到罗马做主人

HOW TO MANAGE YOUR SLAVES

[古罗马]马尔库斯·西多尼奥斯·法尔克斯（Marcus Sidonius Falx）
[英]杰瑞·透纳（Jerry Toner）著　高瑞梓　译

推荐序

玛丽·比尔德

BBC纪录片《相约古罗马》主持人
《星期日泰晤士报》十大畅销图书《罗马元老院与人民：一部古罗马史》作者

之前我从来没见过马尔库斯·西多尼奥斯·法尔克斯，但是我知道他是个什么样的人。罗马有一大堆像他这样的人，坐拥许多奴隶，却从不会思考何为奴隶制。他们觉得奴隶制的存在正常至极，是社会中最自然的环节。但是罗马人对奴隶也有自己的想法，包括如何管理他们，怎样更好地向朋友炫耀自己的奴隶。奴隶会在背后反抗主人，这也是古罗马多次战役爆发的导火索。"所有的奴隶都是敌人"，罗马这句著名口号对法尔克斯来说再熟悉不过。在尼禄皇帝骇人听闻的统治期间，一个罗马富豪惨遭谋杀，凶手正是他四百名奴隶中的一个。很显然，这一事件让法尔克斯难以入眠，而作为惩罚，最终，那四百名奴隶全被判处死刑。

我有点惊讶，法尔克斯和透纳的关系居然很好。法尔克斯是个贵族，但是透纳的家庭——据他说——却源自长久以来被英国贵族压迫的阶级（他告诉我，他的家族起源于"爱尔兰的土豆田"）。

尽管这两人政治上有分歧，但我很庆幸他们合得来。当然，除了法尔克斯，古罗马还有各种各样的奴隶主，包括成千上万的小商贩和工匠，有的身边只有一到两名奴隶，他们中很多人自己也曾是奴隶，后来获得自由，有的还能和自己曾经的男女主人结婚。在法尔克斯的社交圈中有一些深受主人喜爱的奴隶秘书和私人助理，日子甚至比贫穷的罗马人过得好得多，后者只能靠日复一日在码头干苦力，或在广场售卖廉价鲜花来勉强度日。有趣的是，贫穷的自由人还会走上街头，为那被处死的四百名奴隶抗议（但严格来说，这判决是合法的），虽然没有成功。然而，本书还是会把着重点放在如何管理一大群奴隶上。

作为现代人，我们很难了解自由民、奴隶、释奴之间的关系（其实当时的罗马人也很难理解），但却可以一瞥富裕罗马人对他们奴隶的态度，而倘若要探究罗马人视为骄傲传统的"奴隶管理学"，法尔克斯就是最值得信赖的向导。他正尝试向大家分享他的智慧，让大家有所受益，而他本人也颇有可学习之处。谢天谢地，时代在前进，但法尔克斯的书却可以提供一个最真实的视角，展现古代罗马包括整个帝国的基本生活面貌。如果本书出版在两千年前，一定会登上管理学书籍榜单之首。现代读者可能会对法尔克斯抱有偏见，但是在他轻松的措辞下，你们会发现法尔克斯不是一个彻底的坏人，至少按照他的时代的标准来说，不是。

2013年10月于剑桥

目 录

作者寄语　　001
评述者寄语　　003
前　言　　005

第一章
　做精明的主人　　019

第二章
　分工精细化　　043

第三章
　找一个合适的伴侣　　075

第四章
　谁救了自己的主人　　087

第五章
　　惩戒与处罚　　　　　　　109

第六章
　　滥用酷刑　　　　　　　　129

第七章
　　狂欢与作乐　　　　　　　141

第八章
　　牢记斯巴达克斯　　　　　153

第九章
　　渴望自由　　　　　　　　179

第十章
　　获得自由之后　　　　　　197

第十一章
　　更友好的对待　　　　　　213

结语：再会！　　　　225
延伸阅读　　　　　　227

作者寄语

我，马尔库斯·西多尼奥斯·法尔克斯，拥有高贵的出身。

我的曾祖父曾担任执政官，我母亲的家族则世代担任元老。我们一家被赐予法尔克斯的姓氏，法尔克斯（Falx）在拉丁语中意为"爪"，意味着我们将牢牢抓住一切。我曾在第六装甲军团[①]出色服役五年，参加过大多数对抗东方部落骚扰的战役，随后我回到罗马经营自己的产业，管理我在坎帕尼亚和阿非利加行省的大片庄园。我的家族世世代代拥有数不尽的奴隶。对于奴隶的管理，我们可谓是无所不知。

为了写一本面向非罗马读者的书，我不得不请一个叫杰瑞·透纳的人为我效劳，这人来自可怜兮兮的北方行省，倒是对罗马有所了解，却一点儿也没学到我们的优点。实际上，除了奴隶，我还没见过那么懦

[①] 古罗马军队建制名称，成立于公元前52年。——译注

弱的男人：他从没参加过战斗，连一小罐掺水葡萄酒也少有机会喝到，他甚至还会弯下腰给宝宝擦屁股，而不是让奴隶和女流之辈来做这种脏活。但是老天却让他娶到了一个聪明漂亮的老婆（尽管对于一个女人来说，他妻子的观念有点超前了）。感谢透纳，既然他能读懂我的作品，你们这些野蛮人也一样能读懂。

马尔库斯·西多尼奥斯·法尔克斯
三月十四日[①]，于罗马

[①] 原文为拉丁语，公元前44年三月十四日也是恺撒遇刺前一日。——译注

评述者寄语

马尔库斯·西多尼奥斯·法尔克斯此人是否真实存在，也许会成为学术界争论的焦点，但他观点的真实性却毋庸置疑，展现了古罗马人看待奴隶制的视角。

奴隶制是贯穿古罗马的核心制度，这一制度相当重要，从未有人质疑过它的必要性。对古罗马人而言，拥有奴隶就和在威尔特郡投票给保守党、在汉普斯特德投票给工党一样平常。遗憾的是，我们不知道奴隶自己如何看待奴隶制，因为他们的想法无足轻重，但我们却掌握了大量奴隶主的看法。马尔库斯阐述的观点在古罗马奴隶制的相关文本中都有记载，但他没有照搬。这些源头文本一般都很隐晦，也很难阐释，而本手册则清晰简明，讲述如何以罗马的方式管理奴隶。但很显然，将这本书付梓出版并不意味着我认同其中的观点。

马尔库斯是个很难打交道的作者。他的很多观点过于激进、陈腐，而且他拒绝承认这些观点错误且不道德。但是根据罗马的标准来看，马尔库斯是个正直的人。因此在他的著作里，我们看似熟悉的古罗马世界也处处透露着耸人听闻的细节，可见奴隶制有多么复杂。

马尔库斯拒绝透露他的年龄：他的观点是跨越了几个世纪的产物，虽然大多数例子来自公元1—2世纪的罗马帝国。我在每章后面加了简短的评述，为他的建议加上了文化背景，并且（至少也要顾及我的名声）对他毫无建设性的观点提出反对。这些评述，再加上本书后的延伸阅读，将指引感兴趣的读者进一步挖掘原始素材，并在现代价值观下加以讨论。

杰瑞·透纳
2013年9月，于剑桥

前　言

　　几个月前，我别墅的花园里发生了一桩奇闻。这事奇怪得耐人寻味，促使我写出了这本书。那天我正招待一位日耳曼客人①，准确来说，是个阿兰人②。你可能会好奇，我这种级别的人干吗要招待这样一个可悲的野蛮人，但这个阿兰人可不是普通的日耳曼人，他是部落酋长的儿子，作为使团一员到我们伟大的罗马城来拜谒皇帝。我们圣明的君主受够了那些关于穿裤子有何好处③的闲聊，和其他只有日耳曼人才感兴

---

① 罗马人习惯将高卢人、凯尔特人、哥特人、日耳曼人、盎格鲁人、撒克逊人等视作蛮族，认为他们文明未开化，这些民族也常与罗马为敌。——译注
② 阿兰人（Alan）分布于黑海、亚速海东北部的游牧民族，即《史记》中的奄蔡。后向西迁徙，与日耳曼人一支汪达尔人会合。——译注
③ 古代罗马人都认为身穿宽袍是文明人的象征，而野蛮游牧民族需要骑马迁移，才会穿裤子，因此，两腿分开的裤子被视作粗鄙的装扮。——译注

趣的婆妈事，所以在这位外国来宾回到他那称之为"家"的肮脏沼泽前，皇帝要我把他请到家中做客。

我们在别墅后的大花园里散步。我怕这客人听不懂，便用极浅显的拉丁语向他解释那几尊大理石雕像分别是罗马神话里的哪一位英雄。然后就发生了那桩奇闻。我的注意力全在那些雕像上，压根儿没注意小径正中间有把小锄头。我一脚踩在金属锄头上，那木头柄便弹起打到了我的小腿骨。我大叫一声，与其说是疼，倒不如说是被吓了一跳。有个奴隶当时正站在一旁，那锄头就是他的。看到我用单脚四处蹦跳，他还一个劲儿傻笑。我当然气坏了，这个不值钱的白痴，他不过就是个会说话的农具，居然也敢对他的主人幸灾乐祸？我叫来了奴隶监工。

"这个奴隶觉得他主人的腿受了伤很好笑。不如我们就把他的腿打断，看看他会笑得多开心。"

奴隶一听就笑不出来了。监工和他两个壮实的随从对他可怜巴巴的乞求视而不见。面对应得的惩罚时，奴隶们通常都是这副嘴脸。监工们把奴隶按倒在地，又有一人带着一根大铁棒跑来，当他把铁棒举到奴隶脑袋上方时，我那未开化的日耳曼客人却叫道："不要！"

我转过身看他，只见他脸色煞白，宛如一件被硫黄蒸熏过的托加长袍①。

---

① 托加长袍（Toga）是古罗马男子礼服，一般为羊毛织物，只有男性罗马公民才允许穿着。——译注

"有什么问题吗?"

他犹豫了一下。我安慰道:"你肯定也会对你的奴隶这么做吧?"

"我们没有奴隶。"他的回答吓我一跳。

你能想象得到吗?一个没有奴隶的社会!闻所未闻!这样的社会要怎么运作啊?谁来做那些最低级,连最下等的自由人都不愿做的工作?他们怎么处置在战争中抓获的俘虏?用什么东西来展示他们的富有?我脑子里翻来覆去都是这些不得其解的问题,然后我发现我好像没那么生气了。

"求求你,我的主人,我求你了……"奴隶一个劲儿地呜咽。

"好吧……"

我叫停了监工,只是用棍子随便揍了那奴隶几下就把他放走了。我知道,我知道,我还是心太软。不过在这个时代,即使是微不足道的错误,奴隶主也会不假思索就对奴隶处以极刑。所以在动手前,最好还是在心里从一数到十。

我带着受惊的客人回到屋内,心想,除了这个来自日耳曼的野蛮人,不习惯蓄奴的一定还大有人在。鉴于这世上有那么多人一味地迷恋平等,我开始醒悟,原来人们已不再懂得怎样去"正确"对待他们的奴隶和下人。于是我做了个决定,要列出几条让任何自由人都可以借鉴的原则,确保他们能够高效地管理奴仆。

这项工作可谓是至关重要，因为要是有人想通过权力和财富来提升地位，他们就应该知道一切对此有用的知识。我一直很不懂，对于该如何正确对待那些有幸为其服务的奴隶，今天的权贵们竟一无所知。相反，他们还会去拼命讨好自己那些走狗，甚至迎合最下等的人。我曾见过一个数一数二的政客向在街道上工作的妇女热情微笑，可悲地想获得她毫无价值的一点支持。通过认真学习这本书，你就能知道该怎么去对待社会最下层的人，从而了解成就辉煌的必要手段。这本书将告诉你，如何才能拥有一群让主人满意的奴隶，为主人平步青云提供稳定的势力基础。这本书将教授给你一些社交技巧，让你得以在声名鹊起时掌控那些听候你差遣的下人。基于此，我强烈建议那些大小事都要操心的一家之长，如果你渴求领导地位，便请苦读我的书，因为这是一位最富有经验的罗马奴隶主的智慧结晶。

我相信做一名好主人是有诀窍的。经营一大家子，掌管好奴隶。领袖和主人是否是天生的，尚是个悬而未决的问题。一些希腊人认为，从内在天性看，世人各有不同。那些做苦力活的人都是天生的奴隶，最好由像我这样具有更优天性的人来管理。一个能从属于他人的人生来就是奴隶，这也就是为什么他只能依附别人而活。希腊人说，上天显然想把自由人的身体和灵魂与奴隶的分开来。奴隶体魄强壮，天生就是干体力活的，理性推理则是他们的弱势。反之，自由人身姿挺拔，不是干粗活的料，但是他们有充满智慧的灵魂，适合参与政治或军事之类的社群生活。当然了，有时也会出差错——奴隶生就一副自由人的躯体，而自由人也可能只生了相应的灵魂，身体却如奴隶一样结实强壮。但希腊人声称，总体而言上天不会犯错，它会确保每一个人都被分配到符合他命运的类型。

但大多数罗马人不同意这一说法。他们认为控制另一个人是与天性相悖的。统治这一庞大帝国的大多数罗马人都是奴隶的后裔，所以，认为奴隶生来无用之说简直是一派胡言。罗马思想家说，社会传统是导致人把他人收为奴隶的唯一原因，主人和奴隶之间没有先天的区别，单纯是权力运用产生的不公平。他们还一针见血地指出，很多奴隶在面对巨大危机时表现得非常勇敢和高尚，说明他们不是生来就要做奴隶的。同理，如果奴隶非天生，那么主人也不是天生的。这些身份都是后天获得的！

罗马到处都是奴隶。我曾听说，在亚平宁半岛，有三分之一或四分之一的居民处于被奴役的状态。甚至在整个大帝国范围内，就有六七千万的被奴役人口，约八个人里就有一个是奴隶。奴隶也不只存在于城区。罗马有各种形态的奴隶，受奴役的人在哪儿都一样多，在都城可能就有一百万人。还有一种说法，说都城里至少三分之一人口都是奴隶。虽然这种估计仅仅是某些异想天开者的猜测（但也基于一定事实），但还是能告诉你奴隶制度对罗马世界来说有多么重要。我们罗马需要奴隶。

你很可能会问，这一切是怎么造成的？与自由劳工相比，奴隶有何优势？让我来解释一番。在过去的共和国时代，罗马每征服一个意大利地区，都会把地区的一部分纳为自己的领土，并让罗马人移居到那儿。他们把这些殖民地作为军事重镇。在对抗罗马的战争中，土地原主人可能逃跑或被杀害，大片土地因此被空置荒废。元老院便宣布，任何人想要这些土地就可以拿去耕作。而作为回报，他们需上交粮食年收成的十分之一和水果年收成的二十分之一。此举旨在增加在意大利半岛的人口数，并且凭借农夫的辛勤劳作为城市生产更多食物，农夫们还能在战争时期充当战士为罗马效力。

这如意算盘虽然打得好，结果却事与愿违。事实是，土地分配不均，富有的人占去了大部分的土地，而一旦富户们对此习以为常，自信再没有人会把土地夺走，他们就会开始劝说邻近的农夫出售小农舍。如果农夫拒绝，有时候大地主就会简单粗暴地强占土地。可怜的农夫常远离家乡征战，无法在这样强大的邻居面前保护自身财产。渐渐地，大农舍变成了大庄园，再不是普通的农场了。庄园主并不想依靠那些被夺走土地的农夫，也不希望雇用自由人来做苦力，因为这些农夫和自由人会在某刻被征召入伍。因此庄园主们购买奴隶，靠奴隶干活。事实证明，这是个万全之策，尤其奴隶还会生下很多孩子。更妙之处在于，军队一般不靠奴隶来保卫国家，这些奴隶没一个需要服兵役。庄园主富得流油，同时奴隶的数量也在急剧增长。意大利人却越来越少，仅剩的那一点人口在赋税和长期兵役的重压之下也越来越穷。在短暂的假期里，自由人不用去打仗卖命，却也找不到什么活干——土地都被富户们占去了，而他们只用奴隶，不用自由劳工。

为此元老院和罗马公民很是焦虑，他们再也不能召集足够数量的意大利军队了，那庞大的奴隶群体也很可能会反过来摧毁他们的主人。但元老院也知道要把规模庞大的庄园从庄园主手里拿走，既不容易也不合法，因为如今这些庄园已传了好几代人。怎么能从孙子手里夺走他爷爷亲手种下的一棵树呢？有的护民官试图用法律来限制庄园的规模，并强迫大地主雇用一定比例的自由人。但是没人把法律当一回事。至于奴隶，人们并不担心他们会群起反抗，却担心这会让自由人无路可走。罗马精英们要依靠这些自由人参军来维护自身的权力，所以有命令出台，称20～40岁的公民不得在意大利以外的军队一次服役超过三年，为的就是让他们能有时间打理故乡的农舍。

真走运，如今的奴隶主们就不用再为这些事情伤脑筋了。罗马军队已趋于职业化，上一次奴隶起义也早已是久远之事。今天的奴隶主只需要管好自己的家务事即可,而这些事,当我还在父亲膝下玩耍时就已知如何应对。少年时代的我已学会施展权威,给我那群仆人分配任务:"把我的长袍拿过来!""替我洗手!""把早餐端上来,小子们!"这些命令是每天的惯例。哪怕我还是个毛小子,父亲也会教我如何让最不服管的奴隶卑躬屈膝。

家庭就是社会的基石,实际上也是人类生活的基石。倘若没有个体家庭提供的基本必需品,文明将不复存在。但是如果家中没有奴隶,那么这个家就仅仅是一栋房子。诚然,家庭也需要妻子和孩子服务我们,但唯有奴隶才能提供大规模的服务。这让我们受益匪浅,因为一大家子可以不用依靠外人的服务了。我们都知道,要叫外人来帮忙是多么有失体统,要让那些外来的合同工为我们工作,真是心力交瘁。他们从来不准时到达,乱花小费,对自己的工作也毫无自豪感可言,胡乱干一通。但要是由奴隶来做这些工作,我们便可以确保事情按我们所想的去完成。这些奴隶把我们的家变成了一个更具意义的整体,也就是:家庭。

家庭就像是国家的缩小版,有自己的结构、阶级、领袖,还有团队意识。丈夫/妻子,父亲/儿子,主人/奴隶是社会生活最基本的基石。就其本身而言,奴隶制是社会架构中最关键的一环,奴隶完全由家庭的主人掌控,就像公民必须遵守国家的命令。然而,奴隶制是一种完全的顺从。奴隶没有亲戚，不能结婚也不会拥有婚姻的责任，他的身份是主人赐予的，是主人给了他名字。在这个意义上，沦为奴隶等同于社会性死亡，他们需要做到对主人彻底、无保留的服从。所以啊，有时候成为奴隶就需要遭受强迫和折磨，只有先经受神志的摧残才能甘心为奴。正是这个原因，一些心怀骄傲的部落在战败后就拒绝投降，比如西班牙的坎塔布里人[①]在起义失败后宁愿自杀也不愿意忍受被奴役的摧残。

所有的奴隶都不受法律保护，但是我们却不能断言他们只能做自由人之下的工作。事实上，我们会发现，很多奴隶依靠着主人而获取了颇有影响力的地位，同样，很多贫困的自由人不得不从事脏活累活以求喂饱家人。奴隶从事的工作范围之大令人咋舌，不管是看守大门的老奴、伺候主人用膳的年轻男孩，还是在卧房中服侍就寝的美丽女奴，在一个大家庭中，奴隶做着各色各样的工作，满足主人需求的方方面面。

我父亲还告诉我，奴隶是用来炫富的，奴隶们虽然不值什么钱，只是几件"东西"，是我们的所有品而已，但他们却能烘托出主人崇高的地位，就像一匹好马能让骑手容光焕发，一个举止得体、谦恭有礼的

[①] 坎塔布里亚（Cantabria），位于今西班牙北部海岸地带。此处提到的应当是奥古斯都统治时期，罗马人对坎塔布里亚的战争以及坎塔布里亚人的抗争。——译注

奴隶也会给主人增添光彩。如果家中有四百名奴隶，那么他们将是何等耀眼！如果不是上等阶层的贵人，又怎么能养活那么一大群令人瞩目、威风凛凛的仆从呢？

奴隶也许个个都是蠢人，但他们在为最尊贵的人服务。随着你的财富日益增长，如果你想知道该如何对待依附于你的奴隶，就请读下去。不论你所处的时代和书中的古老准则有多么格格不入，你都应该学习，因为你会发现，古代做法中值得你赞同的东西会比你要反对的多。读下去，好好学吧。

— 评 述 —

瞧瞧，阿兰人没有奴隶这事把我们的古罗马作者吓成什么样子。公元4世纪的历史学家阿米阿努斯觉得这点格外值得记录，因为它很好地满足了罗马读者的好奇心。历史上还从未见罗马人有提过废除奴隶制的记载。在古罗马社会中，有奴隶太正常了，就像今天我们拥有一辆车或是一只猫。有钱的罗马人将奴隶视作高品质生活的必需品，就像现代人眼中的家用电器。奴隶能做一切我们不想做的事：洗衣服、做卫生，甚至给我们擦屁股，还能干其他形形色色的活。但不是所有奴隶都一样。城市奴隶和乡下奴隶就有很大不同。城市奴隶除了能够提高工作效率，也是主人地位的象征，就如同现代家庭拥有一大堆家用电器。(试想，我们真的需要100英寸的等离子电视吗？)乡下奴隶有时也不仅是为了生产经营而存在的，但在富人的大庄园中，他们是必不可少的一分子。

希腊人在关于奴隶是否天生一事上比罗马人更激进。亚里士多德有一个著名的观点，即奴隶生来就有奴性，所以应该被高等的希腊人奴役。雅典社会里市民和奴隶之间有极难跨越的鸿沟，奴隶就算重获自由也很难融入社会。

在罗马则完全是另一种情形。大批外来者融入罗马公民阶层，而这正是罗马之所以繁荣的原因，它有能力包容各色各样的外邦人和外来信仰，由此扩大版图和人口资源。这样包容万象的社会便没有必要将奴隶永久挡在罗马公民之外，把奴隶称为暂时阶级反而更合理，如果奴隶表现得好，就可以成为罗马公民[①]。听上去有点出人意料，罗马奴隶制既维持了社会结构刚性，又促进了社会流动。

在罗马法中，奴隶的权益少得可怜，但现实生活中往往没那么糟，城里的大户尤其如此。城市奴

[①] 奴隶就算被解放了，大部分也不能获得完全公民权，虽有选举和订约之权，但不能任公职，不过他们的孩子会成为正式的罗马公民。——译注

隶可以拥有私房钱和私人财产,尽管从法律上讲,这种私产还属于奴隶主。虽然奴隶不允许结婚,但实际上可以结对子。在罗马帝国时期,奴隶有了更多权利:比如他们可以逃到君主雕像前请求庇护[①],逃脱残忍的主人。但君主关注奴隶的权益并不意味他们想要提升奴隶的地位。作为至高无上的领袖,他们只是想插手一切事务。人们则寻求君主的帮助,请他提供指导和规范,明确何种家庭事务是在法律允许范围之内的。

关于书中提到的罗马境内的奴隶数量,我持保留意见,这只是合理猜测。现存的记载很少,也不太可靠。你可以阅读沃尔特·施德尔(Walter Scheidel)发表于《罗马研究》〔Journal of Roman Studies, 95 (2005), 64-79〕的《古罗马时期意大利的人口流动(二):奴隶人口》一文(Human Mobility in Roman Italy, II: The Slave Population),了解有关罗马意大利奴隶在社会上流动的数量和规模;并请阅读施德尔发表于《主题》期刊〔Topoi, 9 (1999), 129-144〕上的《古罗马时期意大利的奴隶人口:推断与局限》(The slave population of Roman Italy: speculation and constraints)。

[①] 古罗马人将庙宇中的神像和君主塑像看作神圣无极的东西,不容他人玷污。因此奴隶经常跑到神像和君主塑像下躲避主人的毒打。——译注

关于阿兰人以没有奴隶而闻名一事,见古罗马末期史学家阿米阿努斯·马尔切利努斯的作品集(*Ammianus Marcellinus* 31.2.25)。塞内加抱怨说,奴隶主为了一点点小事就要鞭打奴隶;仅仅因为顶嘴或嬉皮笑脸,就要打断奴隶的腿,见《论愤怒》(*On Anger* 3.24 and 32)。马尔库斯写作这本书的目的则是参考了科路美拉《论农业》(*On Agriculture*)的前言。有关奴隶的法律地位,你可以阅读东罗马皇帝查士丁尼指派法学家编委会负责汇编的《学说汇纂》(又译《法理会要》)(*Digest* 1.5)。此外,亚里士多德在其著作《政治》(*Politics* 1.2)中进行了关于家庭、奴隶与工具和天生为奴的讨论。至于意大利半岛奴隶数量剧增的原因,阿庇安(Appian)在《内战史》(*Civil Wars* 1.1)中做了传统观点的分析;你还可以与基思·霍普金斯(Keith Hopkins)在《征服者与奴隶》(*Conquerors and Slaves*)第1章中的现代分析进行比较阅读。

第一章

做精明的主人

如果雕塑家想要创造一件珍品，他就得先找到最符合心意的那块石料。所以作为奴隶主也应该明白，只有找到最具优秀本质的人，才能塑造出一个上进、勤劳、听话的奴隶，因此在市集上多花费心思，找到最好的奴隶尤为重要，你要确保他们无论是生理上、心理上，还是道德上都纯洁无瑕。在此，我将指导你如何进行挑选奴隶这一困难卓绝的工作。

头一桩事，上哪儿去买奴隶？很多人会告诉你去罗马广场，在卡斯托耳神庙后面有一个奴隶市场。但是你最好别听他们瞎说，那里出售的只是最低等、最劣质的奴隶。要想购买更优品质的奴隶，你得到万神殿附近的选举广场，去找那儿的奴隶贩子。尤其当你正物色一名性情温顺的奴隶男孩，或者希望买到帝国境内具有异域风情的奴隶，甚至是国外（如埃塞俄比亚）的奴隶时，这些类型都可以在那里找到，不过你必须直接问奴隶贩子是否有把一些特殊的类型藏在摊子后面。他们总把最好的奴隶藏在大众看不到的地方，留给最高贵的买主。如果你有需要，还可以毫不费力在那儿找到被阉割的男孩，虽然理论上这种买卖是被法律禁止的。

奴隶有两种合法的来源：战俘和女奴生下的后代，但实际上还有其他沦为奴隶的途径。一些赤贫之人通过非法方式卖身为奴来偿还债务，或者卖掉其中一个孩子来养活其他孩子。人们经常把不要的孩子遗弃在城郊的垃圾堆旁,拾到者就把弃婴养大作为自己的奴隶,不过这样的奴隶严格来说还属于自由民。有时候奴隶贩子还可能从海盗手上买奴隶,全都是在偏远沿海地带劫掠来的成人和儿童。

然而,倘若奴隶是我们军队抓捕的战俘,合法性则毋庸置疑。战俘能活下来,全依仗我们士兵的仁慈。罗马士兵们沉浸于战争胜利的狂喜,却没有大开杀戒,放过了这些战俘可悲的小命,只要他们甘心为奴,作为在军事上对抗我们的补偿。家境富庶的战俘在缴纳合意的赎金后就可以被放归回家,而剩下的战俘则需成为奴隶来报答我们的不杀之恩。

我曾亲自参与攻陷一座位于罗马与波斯帝国交界处的小城。一开始,我们劝说居民和平归降,便可以饶他们不死,但这恩惠被居民拒绝了。于是我方发动了猛烈进攻,很快就用攻城槌破了城。占领城郊后,我军大开杀戒,不论是男人、女人,或是孩子,只要撞见就格杀勿论。大多数居民逃到了位于市中心的老旧城区,他们派出一名大使前来,请求我们手下留情,可之前正是这些人拒绝了我们给出的慷慨条件,真是愚蠢至极。后来双方达成协议,若有人能够交付价值相当于2000赛斯特斯[①]的财物就可以被当场释放。有一万四千人用这种方式逃出生天,而剩下的一万三千

---

① sesterces,古罗马流通货币,在罗马共和国时期是小型银制圆形钱币,共和国中期以后为稍大的铜制钱币。——译注

人，加上我们找到的其他战利品，都被变卖了。

我们的指挥官非常慷慨，将半数俘获的奴隶赐予我们，以犒劳我们在战役中的忠诚表现。他将剩下的奴隶卖掉，所得钱财用于为国家修建一座小神龛向神明还愿，感谢庇佑我军凯旋，剩下的钱就落入了他自己的口袋。当然，这里所提到的人数和金钱，比起尤利乌斯·恺撒等霸主在对外征战中所得到的战利品，简直微不足道。据说恺撒在高卢俘获了一百万名战俘作为奴隶，在他占领耶路撒冷后，当地的大批居民，可以说几乎整个犹太民族都成了奴隶。当图拉真大帝攻占达基亚①时，好战的当地居民也遭此厄运。和他们一比，我们的胜利不过是小巫见大巫。

不论是以何种方式，一旦成为奴隶就一定会被卖到之前我说过的奴隶贸易市场。奴隶一般会站在升起的展示台上，让潜在买主把他们看个清清楚楚。新到货的奴隶双脚会被粉笔涂白，至于其他的个人信息，比如他或她的出生地、性格，都会在颈部挂着的牌子上写明。

奴隶交易由贵族市政官敕令②的相关法条来规范，

---

① Dacia，位于喀尔巴阡山与多瑙河之间的古代王国，据传当地居民生性残暴，该地在公元2世纪初被征服成为罗马行省。——译注
② 市政官是古罗马负责维护市政建筑，管理节日、城市秩序的官员，分为平民市政官和贵族市政官两类。——译注

目的是确保潜在买主能够知道所有关于奴隶的真实信息，及早发现奴隶可能带有的疾病和缺点，是否有逃跑和偷懒的倾向，以及是否身陷要赔偿的法律纠纷。奴隶贩子还必须写明每个奴隶的出生地。你必须特别注意这点，因为奴隶的出生地通常决定了他能否成为一个好奴隶，有些部落的名声比别的部落好太多了。举个例子，没有人会想要肮脏的不列颠奴隶来做贴身侍者，因为他们的举止粗鲁下流，相反地，年轻埃及男孩却是最受欢迎的男宠人选。

究竟哪里是最好的奴隶产地，众说纷纭，但有一点是共识：让你的罗马同胞做奴隶会令人不齿。如果罗马公民身负债务走投无路，他就会卖身为奴。这些可怜人会被卖到国外去，因为作为世上最骄傲的民族，罗马人会对指使同胞们去做脏活而感到不安。生来自由的罗马公民本就不应该被奴役，就连日耳曼野蛮人都拒绝用同胞做奴隶。说出来你可能不信，日耳曼这个总是黑着脸的民族竟然是狂热的赌徒，他们痴迷赌博，愿意冒一切风险，甚至赌上自由来孤注一掷。如果输了，赌徒就会被铁链锁住带走，说什么愿赌服输关乎他们的名誉，但我觉得这不过是死脑筋罢了。赢家一般会把这种自由民出身的奴隶卖到国外去，这样就不用每天看到这输钱的赌徒在眼皮底下干活，不用为造成他们的堕落而感到羞耻。

伟大的哲学家塞内加认为，家生奴隶是最优质的奴隶，因为他们没有尝过自由的滋味，所以也更为安分守己。西塞罗的朋友阿提喀斯更是讲究，他只用家生奴隶。在他看来，家生奴隶对主人更忠诚，把主人当父亲来看待，也不会因为自己是奴隶而心怀怨恨。但是这就产生了一个问题，我们会发现，抚养一名家生奴隶要花费大量的时间和金钱。

然而，也有很多人说新奴隶就如一块湿陶土，可以被塑造成任何主人想要的模样。他们就像小狗崽，被训练后能快速按照特定的方式完成工作，而家生奴隶却要通过长年的培养来达到同样的效果。新抓来的野蛮人当然要被重造，当你购买了奴隶，请记住，要让他们适应这全新的、更为卑贱的生活是需要时间的。在最初的时间里，我们要对他们展现出宽容，甚至怜悯，他们只不过想要保持之前身份的尊严罢了，从而对分配给他们的脏活提不起一丁点儿兴趣，这怎么不让人可怜呢？如果新奴隶在被运送来的路上和在被关押期间感到身体不适，从而无法徒步跟上你所骑的马；如果他还不习惯整日站立一旁，等待主人的召唤，一直瞌睡不断，请你不要太严厉地惩罚他。同样，你也不能指望别家来的二手奴隶们可以轻松适应新角色，如果他们原本在罗马城中生活惬意，享受假期，干着轻松的家务活，他们就会发现在乡下的日子不堪忍受。

还有一点你要格外当心，不要购买很多同一背景或民族的奴隶。虽然这样看起来能更好地让奴隶协力工作，因为他们语言相通，但是，这会产生更麻烦的问题。奴隶们会偷偷商量如何偷懒，没事就坐在一起闲扯。偷你东西还算好的了，更糟的是他们会吵架、打架、密谋逃跑，甚至谋杀你。购买不同民族的奴隶会好得多，他们互相之间无法交谈，不仅可以防止奴隶们串通好偷奸耍滑，还可以逼迫他们学会基本的拉丁语。迟早，你可以更自在地指使他们，还可以偷听到他们嚼舌根的内容。

你一定要谨慎购买被海盗劫掠来的奴隶。有一次我就错买了一个这样的奴隶，因为那奴隶贩子没对我说实话。这奴隶一学会拉丁语，就不停地对我说他实际上是个自由民，来自亚得里亚海边的迈索尼。有一天，一批大船靠了岸，船上的海盗撒谎说他们是东方来的商人，还从迈索尼城的居民手里买了葡萄酒，他们不仅同意了居民们要求的价钱，还卖给了当地人一些香料。一听说可以卖葡萄酒，同时也可以买到来自东方的特产，越来越多的居民从周边赶到城中。最后，码头周围人山人海，都是想要卖葡萄酒，或者以物易物的居民。当酒被小车运下海港，这些伪装成商人的海盗突然开始大肆抢夺男男女女，把他们强行拉到船上，然后扬帆起航。城中的人几乎被抢了个精光。我当然觉得这奴隶是在说假话，想要我放他自由罢了，但他坚持说自己是自由民，甚至说动了一名政务官来审理此事，不过最终因为缺少证据被驳回。最后我不得不亏本把他卖了，这样就可以不再听到他没完没了的废话。

你要根据奴隶的质量来准备购买的钱。要注意，奴隶可不便宜。买一个15~40岁的健康成年男性要花上1000赛斯特斯。相同情况下，女性要便宜点儿，大概800赛斯特斯就足够了。鉴于贫穷家庭一年要花上四五百赛斯特斯才能糊口，你就明白买一个奴隶要花多么大一笔钱。年纪再大点儿或小点儿的奴隶价格就差不多，超过40岁的奴隶要卖大概800赛斯特斯，这一价钱也可以买到一名8~15岁的年轻奴隶。如果是过于年老或幼小的奴隶，比如超过60岁的老人和8岁以下的儿童，就更便宜，只要400赛斯特斯就可以买到手。不过请注意，如果这名奴隶曾受训过某项技能，比如识字、算数，或是理发，那么价格会相应较高。

当然，如果你预算充足就不用考虑价格。有很多富人为了买到稀有品种的奴隶不惜一掷千金，以此充门面而彰显自己的地位。马克·安东尼从奴隶贩子托拉尼乌斯手上买了一对迷人的双胞胎奴隶，据说为此花了20万赛斯特斯。但这却是个骗局，因为那对双胞胎一个出生在亚细亚，另一个出生在阿尔卑斯山脉北部，这两人一开口讲的完全是不同的方言。气急败坏的马克·安东尼找到托拉尼乌斯投诉，后者的脑子动得很快，说这正是他要卖如此高价的原因：双胞胎兄弟长得相像并不稀奇，但来自不同种族的两个男孩竟如此酷似，才是独特的无价之宝。虽然马克·安东尼还在气头上，但也很是惊奇，觉得这对双胞胎还真是奇珍异宝，能侧面反映出他们的主人——这位和屋大维旗鼓相当的罗马共同统治者，是多么伟大。

再多说一句，目前我所知为了购买奴隶而给出的最高"合理价格"，是马库斯·斯考卢斯①出的75万赛斯特斯。他以这价格从佩萨罗城的安提乌斯手上购买了奴隶兼语法学家达佛涅斯。当然，这个数字远不及著名奴隶演员用巨额收入为自己赎身的价钱。据说早前的著名演员罗斯修斯②一年能赚50万赛斯特斯，所以他一定花了更多价格赎买自由。还有一些特殊例子，尼禄的奴隶曾带领军队战胜了亚美尼亚国王梯里达底，战后他用加起来价值约1300万赛斯特斯的战利品为自己换取了自由。还有路图瑞斯·普利斯库斯③，他花费5000万赛斯特斯从提比略的亲信赛扬努斯手里买下了宦官佩隆。这个价格不过是为了满足买主的虚荣心和炫富心理，倒不是这个奴隶值那么多钱。这正说

---

① Marcus Scaurus（前163—前89），罗马共和国晚期著名的元老院首席元老，"第一公民"。——译注
② Roscius，罗马喜剧演员，备受演说家西塞罗的赏识，后者还曾亲自负责罗斯修斯的诉讼案。——译注
③ Lutorius Priscus，罗马诗人，因为诗作《日耳曼尼库斯颂》(*Ode to Germanicus*)而受到提比略的大笔赏赐。——译注

明那是个多么糟糕和浮躁的时代，在赛扬努斯的不正之风下，百姓民不聊生，甚至无暇制止这样臭名昭著的买卖。

好好考虑一下你想要买什么性格的奴隶。最适合工作的奴隶应该既不畏手畏脚也不胆大包天，因为这两者都很容易惹麻烦。容易退缩的人很难坚持做好一项工作，胆子太肥的又难服管束。最好找那些性子谦恭、不自大的奴隶，尤其是在挑选家庭仆人时。家中的奴隶应该像老鼠一样安静、胆小，一直忙得团团转。当然，你得看出来有些人是刻意装成这样的，为了活得舒服些。很多奴隶假装温顺听话，只为分配到轻松的家务，比如服侍主人用膳，这样就可以在两餐之间休息，还能吃到我们盘中剩下的精美菜肴。

购买奴隶时我们要小心，如果碰巧看到感兴趣的奴隶，一定要仔仔细细检查他。就像买一匹马时要掀开它的罩子，以便仔细观察体格，发现任何已有或潜在的缺陷，所以你要让奴隶贩子脱光奴隶的衣服。奴隶贩子最不可信，他们经常会用衣服遮盖奴隶的缺点，比如用长袍来掩盖奴隶的膝盖外翻，或者让奴隶穿上色彩明亮的衣服让你忽略他那瘦弱的胳膊。你要确保男奴隶的睾丸完好，因为要靠他们来繁衍后代。总而言之，你必须不厌其烦地动手检查，让奴隶们的身体状况真实展现在你面前。

奴隶贩子是最无视道德的一群人，必须不惜一切代价防范。他们唯一的兴趣就是用一切欺诈手段尽可能赚更多钱。其中就属阉人贩子最没有人道，这些人甚至违背天性残害自己的商品以求得高价。很多奴隶在被运送到集市途中就受到伤害，体重急剧下降，四肢被铁链擦伤。你要留神，奴隶贩子会用诡计来隐瞒这些缺陷，他们给形容消瘦的奴隶涂上松节油来松弛皮肤，使之平滑如初，或者用血、胆汁和吞拿鱼肝油做成的脱发膏来去除青春期男性的毛发，让他们看起来更年幼，还有就是把洋水仙根和甜酒混合后给正处青春期的人服用，来延缓体格和性器官的发育。其他伎俩包括用染料涂在生病奴隶苍白的双颊上，使其看上去有血色，或者让奴隶穿上华丽的衣服来掩盖旧伤和疤痕。

你要多问，但不要轻易相信奴隶贩子表面上的说辞。问问这奴隶的性格如何，如果奴隶是个女性，就必须要贩子问清楚她能不能生孩子，查明她是不是生下过夭折的孩子，月经是否规律。你要弄明白奴隶是否犯过大罪，是否曾试图逃跑，或者曾被发配到竞技场和野兽搏斗。如果有这些过往，就说明这奴隶身上有你不想要的性格。对聪明的奴隶还要多留个心眼，除非你想训练他们成为书信员或者朗读者，因为脑子活络的奴隶在其他岗位上都会带来麻烦。你还要问问奴隶是否有道德上的瑕疵，有没有赌博的习惯？如果有机会喝酒是否会喝得烂醉？他是否对男奴隶有特殊喜好？

要避免买到有忧郁症的奴隶。成为奴隶已经是最悲哀的了，但是如果生性忧郁，奴隶的心情会更为低落。对奴隶主来说，要靠一名时常痛苦抑郁，尝试自杀的奴隶做事，那太糟心了。法律规定，奴隶贩子有义务对潜在买主说明奴隶是否尝试过自杀，但不能保证他们说实话，所以还不如相信直觉。奴隶的忧郁症比你想象的可能更为普遍，正如老话所说的那样，"体面死去，胜于承受为奴的耻辱"。还有"如果你因成为奴隶而痛苦，你就只会成为一个痛苦的奴隶"。

一旦精心挑选好奴隶，谈好了价钱，你就要向奴隶贩子讨要一份合同。根据我们的合同法，奴隶贩子应该找一个担保人，以防买主对货品不满，有正当理由要退货。合同上会写明买主的名字和身份、奴隶的名字、其他绰号、种族、价格、奴隶贩子的名字、担保人的名字、日期，还有合同订立的地点。请注意，按惯例，奴隶的私人财产，包括他自己存下的所有私房钱，都要随身带走，除非有额外说明。

一定要让奴隶贩子给你一份手写的奴隶健康状况保证书，还要明确这份保证书的内容：必须写明奴隶患有的疾病、是否会逃跑、有没有赌博的习惯，但诸如懒惰、口臭等缺点则不需要写了。要界定一名奴隶是否健康通常很难，比如舌头被割掉的奴隶能算是健康吗？很难说。实际上，有多少奴隶，就有多少可能的小缺陷。我的奴隶就有以下问题：尿床、癫痫、少一个脚趾、口吃、偷东西。我们都知道什么样的奴隶不好：情绪无常、懒、动作慢吞吞、总是迟到、贪婪、固执、丑陋、肚子大、眼睛小、没精打采、说话耸肩。相反，我们也知道怎样是好的奴隶：忠诚、勤奋、充满活力。但当他们被奴隶贩子精心打扮一番后，却很难分辨。

买来了奴隶，你还要考虑让他们做什么，可有大把的活等着他们去干。奴隶大体上可以被分为两种：城市奴隶和乡下奴隶。在乡下工作的奴隶会学习犁地、修剪枝丫、运水、制陶、扫地等。女奴的工作就是叠衣服、为家具打蜡、称羊毛或按摩。城里奴隶也会被分配到适合的岗位，比如长得好看的奴隶可以在餐桌旁服侍主人。如果你很有钱，就要有一群奴隶在家中担任不同的角色，比如轿夫、为你读信和回复信件的秘书、在你用餐时演奏舒缓音乐的人，或是看门人、侍妾、报时员、信使。

女奴可以干家务活，生儿育女。当然也有无耻之徒把她们卖到窑子里做妓女。现在很多罗马母亲怕累，不想亲自喂养，更愿意把孩子交给奴隶奶妈。所以，挑选合适的奶妈格外重要，因为这将是你孩子第一个喊"妈咪"的人。照看孩子的活，我则更倾向于交给我和女奴生的孩子去做。小时候照顾你的奴隶将与你最亲密，我小时候的家庭教师菲利克斯，曾每天早上送我去上学，保护我的人身安全，他照顾我穿衣，教我角斗，照顾我生活的各个方面。当然，他之所以做这个工作是因为别的活他都干不了。就像伟大的雅典演说家伯里克利看到一个奴隶从树上掉下，摔断了腿时说的："他现在可以去做家庭教师了。"

很多家庭教师实际上受过良好的教育。你要想好，是要一个完全没读过书的帮佣，比如像菲利克斯那样的，还是要一个受过教育的奴隶，让他将孩子教育成伟大的演说家，完成你的心愿。不过，最糟糕的是奴隶学识甚少却极度自信自己的才智。他们会不断干扰孩子的正常教育，有时候还把他们的愚蠢强加给孩子。这些家庭教师会把恶习传染给我们的孩子，这很可怕。就连亚历山大这样的伟人也一直深受其家庭教师利奥尼达斯的折磨。

至于说用奴隶来炫富，你最好谨慎些。雇一大帮多余的奴隶来做无聊的事，仅仅为了展示过人的财富，是这天底下最恶俗的行径。我认识一个有钱的自由民，专设了一位呼名者，顾名思义，就是向主人提醒来客的名字。对于主人的宾客来说，竟然要由一个奴隶来直呼其名，真是丢尽了脸。更糟的是，把这工作交给一个老掉牙的看门人，因为别的实质性的活他都干不了，上了年纪，脑子稀里糊涂。这老头一直记错名字，搞得所有人都很尴尬。说起滥用奴隶，最荒唐的大概要属富人卡尔维西乌斯·萨宾奴斯。他继承了一大片庄园，却是个文盲，记忆力差到想不起《荷马史诗》里主角的名字。他想看起来有文化些，不管怎样总要对得起他的财富，就高价买了几个头脑好使的奴隶，打发他们去背文学名著。一个要背下荷马的全集，另一个要背下赫西俄德[①]的著作，另外九个要死记硬背九位抒情诗人的诗句[②]。几个奴隶费了好大劲才背下来。萨宾奴斯把奴隶们召集在一起，开始骚扰他的晚宴宾客，不断要他们提一些诗句让奴隶来背。据称这些奴隶花了他大笔金钱，但我觉得他不如用这钱买几个书柜，还便宜一点。

当然，不是所有奴隶都归这种愚蠢主人管。我们国家也会雇用公共奴隶来记账和保养路面。如果你正想找一些二手奴隶，购买公共奴隶会很划算，因为他们工作不算艰巨，也乐意去氛围更活跃的私人家中干活，就算这意味着地位会下降，但也无伤大雅。尽管这些奴隶曾为国家服务，你还是不能掉以轻心。小普林尼曾由图拉真大帝委派，到比提尼亚行省当总督调查腐败事件，他发现当地很多公共奴隶都是当年犯下罪行后逃避惩罚的罪犯。他们甚至还和大多数公共奴

[①] 赫西俄德（Hesiod），活跃于公元前8世纪的古希腊诗人。——译注
[②] 九位抒情诗人，活跃于公元前7世纪到公元前5世纪，分别为阿尔克曼、萨福、阿尔卡埃乌斯、阿那克里翁、斯特西克鲁斯、伊比库斯、西莫尼德斯、品达和巴库利德斯。——译注

隶一样领年薪，也在岗位上待了很长时间。很多罪犯都相当年老了，而且人人都说他们行为高尚。君主知道后要求他们受到应有的惩罚，除非犯下罪行的时间太久远可以既往不咎，否则的话，这些罪犯都要从事相当于惩罚的工作，比如在公共浴室干活，或者清理马槽。

至于要买多少奴隶，就乡下而言，老加图[①]指出应该基于庄园面积和种植作物的类型来定。针对橄榄园和葡萄园，他给出了两个方案。第一个方案，关于60公顷的橄榄园应该如何安排人手，老加图认为，下面所列的13名奴隶就足够运作：1名监工、1名管家、5名劳工、3名车手、1名赶骡人、1名猪倌和1名牧羊人。第二个方案，关于25公顷的葡萄园，他认为应该有以下15名奴隶：1名监工、1名管家、10名劳工、1名车夫、1名赶骡人和1名猪倌。老加图还说，每两公顷的土地配一名男奴隶足够了，考虑到可能的不利因素，比如奴隶生病、偷懒、恶劣天气，45天内足够这个奴隶把这片区域翻一遍土。但是我个人觉得这些规则太模棱两可，老加图应该直接告诉我们公式，这样我们就可以根据农场面积大小来按比例加上或减去

---

① 马尔库斯·波尔基乌斯·加图（Marcus Porcius Cato，前234—前149），也被称为老加图（以与其曾孙小加图区别），罗马共和国时期的政治家、演说家，也是罗马历史上第一个重要的拉丁语散文作家。——译注

人数。还有，他不应该把监工和管家算在内，因为就算要种植60公顷以下的橄榄园，也至少要有一名监工。

牧羊人的数量要依据不同情况来定，各种各样的计算方法都有，我自己的做法是每80到100只产毛的羊配备一个牧羊人。如果羊群非常庞大（有人可能会拥有1000只羊），倒反而用不了这么多牧羊人。我自己有700只羊，还有50匹母马。看管母马需要两名牧马人，每个牧马人还需要配一匹被驯化的马。有钱的地主一般会安排家中奴隶从事更多样化的工作，如果城镇与村庄距离农场太远，他们就会在庄园中安排一名铁匠，还指派奴隶来做其他重要的手艺活儿，这样农场的奴隶就不会闲下来，像度假一样在工作日闲逛，而是通过劳作为农场创造更多效益。

在我们先祖们的时代，事情就大不一样了，那时还没有人操心该怎样驱使一大群奴隶。他们的生活更为简单，只有一个奴隶，还会和主人一起上桌吃饭。现在我们却要把餐具锁起来，以防家中的食物和酒被数量众多的奴隶偷吃，这都是我们自己造成的引狼入室。奴隶太多了，逼得我们不得不再买一个奴隶来帮我们记住其他奴隶的名字！

古老的自给自足究竟为何无法延续？为什么我们需要那么多奴隶，难道只为了向外界炫耀我们的富有吗？看看天堂的情形，你会发现神明们都赤裸着身体，他们把一切都给了我们，自己什么也没留下。再看看地上，那些贪婪的俗人，一大群奴隶围在他们身边，吹嘘他的地位与身份。那个号称比主人庞培①还要富有的释奴德米特里厄斯，他真的会更快乐吗？他每天都要像军队长官检阅军队一样浏览一遍奴隶名单。如果只有两名下人，他应该会过得更好吧，至少住所会变得更宽敞。哲学家戴奥真尼斯唯一的奴隶马尼斯逃跑了，当他得知此事，却并不想将马尼斯找回。他说："如果奴隶少不会影响我的生活而却偏偏不能没有他，那多么丢脸啊！"我认为他其实是想说："那个讨厌的奴隶终于跑了，我自由了！"

奴隶是一大笔开销。你得照顾所有这些贪婪之徒的胃口，要给他们买衣服，时刻留神他们肮脏的手有没有偷东西，你不得不差使这些憎恶我们的人干活。要是我们只需要对自己一人负责，想不负责就不负责，那该有多么开心。

然而，我们又怎么能和命运赐予的财富作对呢？也许我们只能接受写在星相中的宿命，即罗马人生来就是世界的统治者，无法避免地会拥有奴隶。我们还可以为奴隶起名，展现我们不得已的矛盾心理。给你的奴隶选一个听上去舒服，或者对你有意义的名字，比如你买下奴隶的地方；或者展现一下黑色幽默，表

---

① 庞培（Pompey），古罗马政治家和军事家，为前三头同盟（恺撒、克拉苏、庞培）中势力最强者，生性残忍好战。后在与恺撒的内战中败走埃及，被托勒密十三世手下所杀。——译注

现出对上天赐予你的好运不屑一顾。我有一次低价买下了一个奴隶，这奴隶在去我城中宅邸的途中摔断了胳膊，于是我给他起名叫"好运"。

— 评 述 —

本文关于购买奴隶的大部分细节，都是基于城市中主人只需要购买几名奴隶的情形。城市奴隶和主人生活于同一屋檐下，为主人和他的家人提供贴身服务，所以主人在挑选这样的奴隶时要格外慎重。但乡下就不一样了，尤其在大庄园中，仔细拣选奴隶并不现实，大多数情况下也很可能是管家替主人来挑选。很显然，主人家庭和庄园的大小决定了他个人参与奴隶购买的程度。

奴隶货源是否充足也会对挑选有所影响。在罗马军队取得巨大胜利后，战俘奴隶源源不断，价格便会走低，买主购买时也就不那么上心。

不经罗马公民本人同意就剥夺他的自由身份是违法的。但可悲的是，生活中这样的事情比比皆是，很多自由民的孩子生下来便被抛弃，因为父母无力抚养，或者单纯就不想养。那些经受住风吹日晒，逃过野狗之口活下来的孩子便会被奴隶贩子或一些人收养，成为他们的奴隶。戏剧中，我们经常看到亲生父母回来找孩子的桥段，但你尽管放心，现实中几乎没这回事。

实际上，我们并不清楚古罗马人是否干涉奴隶们繁衍后代。奴隶自然会生下孩子，因为他们是允许结对子的。奴隶的结合似乎都要经过主人许可，但主人在其中的参与程度我们却无法得知。如果奴隶会征求主人的意见，那我们可以合理推测，主人一定不希望两个总惹麻烦的奴隶结为一对，但这不代表他会主动挑选最健壮的奴隶配对，让他们生下后代。主人也会和奴隶发生性关系，如果对方是女奴，当然会生下孩子，这些后代从法律上来说也是奴隶，尽管他们的父亲是主人。

本文中提到的奴隶价格仍然存疑，因为这只是根据少量现存资料的估计。在罗马帝国后期，有记载说通货膨胀导致了奴隶价格上涨，但实际是否有上涨也无从得知。然而，帝国后期的奴隶人口却没有减少，就算经历了经济衰退并受到基督教观念的影响。马克·安东尼以天价购买双胞胎一事之所以能被记录，是因为其特殊性。我们无法就此下结论说其他奴隶也能卖这个价，只能推断当时奴隶的定价不仅高昂，浮动也较大。在罗马，一家四口如果仅靠谷物度日，一年要花500赛斯特斯。很显然，一旦加上更丰富的食物开销和诸如房租、衣物等其他生活成本，这个数字将大得多。考虑到各地情况不同,时代不同,保守估计一年花费应在1000赛斯特斯左右。由此可见,马库斯给出的奴隶价格非常高,远高于穷人或者普通罗马人一年的花销。购买奴隶也算是形式主义,有钱人养一大群奴隶,却不创造产值,这样铺张只是为了引人注意。

虽然意大利半岛上奴隶的数量相当巨大,但很多古罗马著作中却似乎认为使用奴隶有违道德。有时很难说清这矛盾,罗马人一边用着那么多奴隶,一边又觉得于道德有愧。我们需要看看罗马文学对此的演绎,尤其是塞内加的作品。他写下了许多关于奴隶的重要著作,其中有一个母题就是,罗马是如何从古老的淳朴传统一步步堕落至今。罗马人在筵席上浪费了如此多的食物,使用了那么多的奴隶,大概通过创作这些题材可以减轻他们的罪恶感。

《学说汇纂》(*Digest* 21.1)中给出了贵族市政官法条的细节,详述奴隶买卖的规范,并列出应该告知买主的奴隶身体缺陷。至于弃儿一事,见小普林尼《书信集》(*Letters* 10.65 and 66)。奥卢斯·革利乌斯在《阿提卡之夜》(*Attic Nights* 20.1)中写道,从公元前4世纪开始,罗马便不再允许公民卖身还债,而更早之前此举是被允许的,但是奴隶必须要被卖到台伯河对岸的罗马领土之外。关于日耳曼人是狂热的赌徒,见塔西佗(Tacitus)《日耳曼尼亚》(*Germania* 24)。对迈索尼海盗的记载,见历史学家保塞尼亚斯（Pausanias）所录。本章中记载的攻城事件改编自罗马在公元前259年对巴勒莫城的占领，见狄奥多罗斯·西库路斯（Diodorus Siculus）的作品。奴隶的价格是根据奥古斯都①下令征收百分之二的奴隶交易税来定的，同时也参考了戴克里先（Diocletian）《最高价格法令》（*Edict on Maximum Prices*）中小麦和奴隶的相对价格。我也查到了奥古斯都时期奴隶的赛斯特斯价格。极端的奴隶价格可见于老普林尼《自然史》（*Natural History* 7.40），里面也记载有马克·安东尼的双胞胎（7.12），和演员为自己赎身以及尼禄和佩隆一事（7.39）。新奴隶会对身份降低感到不适应，见塞内加的《论愤怒》（*On Anger* 3.29）。那两句谚语则来自普勃利乌斯·西鲁斯（Publius Syrus）。卡尔维西乌斯·萨宾奴斯让奴隶背下《荷马史诗》一事，见塞内加《书信集》（*Letters* 27）。关于家庭教师的记载，见昆体良《雄辩术原理》（*Institutes of Oratory* 1.1）。小普林尼写信给君主图拉真说有罪犯成为公共奴隶一事，则来自其《书信集》（*Letters* 10.31 and 32）。最后，"好运"（拉丁语Felix）是当时常见的奴隶名。

---

① 奥古斯都，Augustus，在拉丁语中意为"神圣的""高贵的"，与恺撒同为罗马帝国时期皇帝登基后的称号，但在一般历史著作中，奥古斯都都特指罗马帝国的第一位皇帝屋大维，本书也是如此。——译注

第二章

分工精细化

好了，你已经买好了奴隶。那么怎样才能让他们为你废寝忘食地工作呢？很多新的奴隶主会误以为，只要用一根鞭子就万事大吉。我们这些家中世世代代蓄奴的人都知道，要是这样做，不久你的奴隶就会被打个半死了。如果你想强逼奴隶们超负荷地工作，他们很快就会对你怀恨在心，变得难以管束。这种奴隶的存在就像一颗毒瘤、一条诅咒，暴力最终会反过来害主人。在金矿上，残暴也许能管用，但是在你的农庄中绝对不可行，更别提家里了。反过来，你也必须认识到，作为主人，你有义务善待你的奴隶。如果这么做，他们不仅会好好干你派的活，还能保持一副健康的躯体为你长久服务。

哪怕是最下等的人，身居高位者也有责任对他们一视同仁。没有人比奴隶更低下了，但是我们仍要像对待雇来的合同工一样对待他们。也就是说，我们既要奴隶们好好干活，也要给他们公正的待遇。虽然这和奴隶不过是工具（他们当然是）的概念相悖。雇工是人，但奴隶只是用来耕田或者干其他活的工具，他们只不过刚好能说话罢了。正是语言能力让他们优于牲畜和农场的其他动物。但你是他们的主人，是个处在社会上等阶层的奴隶主，你还是应该在任何时候都表现得遵守道义、公平公正，即使面对那些不值得你这么做的人也要这样。

保证奴隶们表现良好、工作卖力的第一步，你已经做到了：购买品种优良的奴隶。第二步就是调教他们。每个人都知道，孩子从小接受的教育会在他们日后的性格中留下痕迹。同样道理，要使奴隶变成你所希望的样子，教育和训练就很重要。这也是为什么通常最好最简便的办法，就是选购初次为人服务的奴隶。我说过，我的一个朋友总是选购战俘，因为他们年轻，尚未被调教过，就像小马驹一样，总是比脏兮兮的老马更听话。

  对奴隶的训练最好立刻开始。有些人傻乎乎地以为可以和奴隶讲道理。他们觉得如果同奴隶们解释一番好好干活的益处，他们会更加听你的话，但实际上，若想把"顺从"这个字眼灌到他们骨子里，你得像训练一头野兽一样训练他们。我再说一次，这不是简单用鞭子就可以解决的。要得到最好的效果，奴隶们要多少食物，你就得给他们多少。慷慨地赞扬他们，尤其要表扬那些野心勃勃的奴隶，他们很容易就因为一句鼓励而精神大振。你要强迫奴隶放弃从前的信仰，开始敬奉你家中的神明。一旦奴隶明白，我们罗马人之所以伟大正是因为我们神殿的庇佑，他们也就更甘于接受自己卑微的地位。

  奴隶们接受训练后，你就要发给他们足够的食物，让他们去干活，但是不要给太多，以免他们好吃懒做。做苦力的奴隶应该比做轻松家务活的奴隶得到更多的口粮。奴隶需要能量来维持高效的工作，你不能指望他们空着肚子给你干活。我每次到庄园都会特地亲自检查一下奴隶们的口粮，防止厨子们耍花招把口粮藏起来挪为己用，也好让奴隶们看看，你在关心他们吃得好不好，这会让他们干劲十足，更加卖力。奴隶就考虑三件事：食物、工作和惩罚。如果你只给食物却不分配工作，他们就会变得懒惰又粗鲁。如果不给食物，只是叫他们干活受罚，那么和虐待他们没两样，奴隶们很快就会被折磨殆尽。目前最好的方法就是让奴隶干活，且提供足够的食物。你不能指望不给些奖励就控制他们，食物就是对奴隶的奖赏。奴隶就如同普通人，如果做好了却没有带来利益，做砸了却没有惩罚，他们就会表现得不尽如人意。

因此，密切注意奴隶的表现，随之分配相应的食物。事先你要根据他们应得的程度来考虑好分配食物的顺序。要是你满意他们的工作，食物就是对他们最好的奖赏。当家中的奴隶干得不错时，我个人比较喜欢将晚餐吃剩下的食物赏给他们。在乡间，我会给奴隶们可自由支配的时间来喂养他们自己的鸡和猪，照顾自己的果菜园，或是安排在树林中寻找浆果等诸如此类的活动。我也会给他们一份额外的、产自伊特鲁里亚[①]卢纳（Luna）的硬奶酪，加上一点酒醋，但是

[①] 伊特鲁里亚（Etruria），古代城邦制国家，势力范围大致在今天的意大利半岛西北部和科西嘉岛，该文明存在于公元前12世纪到公元前1世纪，后被罗马吞并。——译注

这里你要特别多个心眼。酒精会让自由人也丑态毕露，所以很明显你只能偶尔给奴隶一点酒，并且是在严密的管控下。

在处理奴隶的食物时，我们得像一个开出药方的医生，必须花心思去保证奴隶们被公正对待，得到的食物要和他们卑微的地位相符。奴隶的伙食应该用来填饱肚子，而不是奢侈享受。我推荐一款最基本的食谱：粗面包、盐、葡萄、橄榄油、橄榄泥和干果。你还可以补充一些上文所说的额外奖赏。下面的指引可能对你有用。

奴隶口粮：

冬天，一个月供应30千克小麦，给被铁链锁住、集体劳作的奴隶们。

夏天，一个月35千克小麦，给干重活的奴隶，包括负责播种、割草和收割粮食的奴隶。

当奴隶们开始打理葡萄藤时，要增加口粮；当无花果成熟时，减少口粮。不要像小气鬼老加图在指南①中写的减那么多，除非你想让奴隶饿得气力全无。

一个月20千克小麦，分给监工、管家、工头

---

① 第一章中老加图关于奴隶数量分配的论述出自其著作《农业志》，此处指的也是这本书。——译注

和牧羊人,考虑到他们的工作量相对较小。

酿酒秘方:

　　拿十份碾碎的葡萄放到木桶里,加两份极浓的醋,加两份烧开的酒、五十份糖水。每天搅拌三次,一共搅拌五天,使三种原料充分混合。加上四十八分之一份抽上来的海水。为木桶加盖密封,发酵十天。

　　这当然不是最好的费乐纳斯酒[①]!但是够喝三个月了,如果有剩下没喝完的酒,之后可以酿成质量上乘、酸香爽口的醋。

给奴隶的橄榄:

　　把所有被风吹落的橄榄存起来,再加一些成熟橄榄树上的小橄榄,它们也能榨出一点油。尽可能节省地把这些油分给奴隶,尽量用久一点。用完了就给奴隶发放腌鱼和醋。一个月给奴隶一品托橄榄油和半磅盐。

　　在白天,奴隶们要分开坐着吃午饭,避免把时间浪费在漫无目的的聊天上。但是晚上你应该允许他们

[①] 古罗马极负盛名的葡萄酒之一,老普林尼曾将罗马美酒品级做过排名,即卡库班酒(Caecuban)、费乐纳斯酒(Falernian)、阿尔班酒(Alban)、苏伦汀酒(Surrentine)。——译注

一起吃饭，禁止他们社交会显得过于严苛。

你还应该根据他们的表现配发衣物。认真工作的奴隶理应得到质量更好的鞋和长袍，而那些逃避责任的人就会明白，他们必须面对偷懒带来的各种后果。我的标准做法就是，每隔一年给每个农场奴隶发放长达一米的长袍和一条粗制床单。当发放长袍和床单时，要确保他们把旧的交上来，让女奴隶们拿去缝补拼布料子。每隔一年，发放一双结实的木鞋。这些穿着要考虑实用而不是美观。为了防风防冻和防雨，也需要给奴隶发放长袖的皮质长袍、额外的拼布衣物，或是带兜帽的斗篷。这么做的话，外面天气再坏也不会影响他们工作。

你的奴隶们还需要一个妥当的地方来睡觉。将你家中的奴隶安置在小卧室或是储藏间里，给他们一条旧床单当床垫，一件旧斗篷当毯子。在乡下，建筑物的椽之间经常会有一些空隙，这些是相当好的奴隶卧室。如果空间足够大，发生火灾的危险就很低。在一年四季，厨房上方椽之间的空隙都能为奴隶提供舒适空间。如果奴隶们住在地底像牢房一样的房间里，还要让他们来打理农场，简直不像话，因为人一旦没有了希望，什么事都做不好。

可悲的是，今天无论你走到帝国的何处，看到的都是奴隶在耕种土地，而不是过去曾为罗马带来辉煌的自由民。今时今日，农庄土地被铁链锁住的脚掌践踏，被受过惩罚的双手污染，终日面对的是一张张被打上烙印的脸。我们的大地母亲并不愚笨，她一定发现了，自豪而自由的农户已经被粗鲁懒散的奴隶所取代。在奴隶耕种的土地上，我们的收获还远不及罗马自由民曾经劳作的时代。但是你可以采取一些预防措施来试着减少弊端，用强迫或是贿赂的手段来让奴隶更高效地工作。

第一，我已经说过了，但是还要强调一下，就是对于干累活的奴隶要给予奖励。要是优秀的奴隶看到偷懒的人也和他得到一样多的食物，那就太打击人了。每个奴隶自己还应该有一个清楚明确的长期目标。如果你开明，这个目标可以是让他们获得自由。你会发现将自由作为对奴隶长期忠诚和辛勤劳作的奖励既公平又有好处。如果奴隶觉得这个目标可行，他将会朝着它奋力迈进。同意奴隶们生儿育女也是让他们好好工作的动力。干得好就能享受到家庭的天伦之乐。但是如果他们惹你不高兴，孩子们就会被卖给另一个奴隶主作为惩罚。偶尔向最勤劳的奴隶赏赐神坛里多余的供品和几天假期，那么他们可能会更好地完成你派的活。

第二，是明确他们的工作角色，使权责分明，保证工作质量。奴隶知道要是完不成某样工作，他们中肯定有人要挨一顿骂。相反，如果每个人都做一样的工作，没有奴隶会觉得是他自己的责任。如果一人做得好，所有人都会受益，不仅仅是他自己，但是如果他们都磨洋工，就很难说清谁要负更多的责任。这就是为什么耕田的奴隶要完全和葡萄园的奴隶区分开来，为什么牧羊人与其他奴隶的工作不能混淆在一起。

为了分工精细化，还必须促使每个奴隶对工具的保养和保管负有责任。命令他们在下雨天储藏好工具，定时清洁上油，不要堆得到处都是。工具坏了固然需要很大一笔费用来修，但这也意味着没有工具，奴隶就会无所事事坐在一旁浪费很多天的工期。因此你要给奴隶发放属于个人保管的工具，要是没保管好就惩罚他们，会大大减少这种损失。

明确角色分工还有一个最终的好处：庄园能够做到自给自足。每项工作都需要一个奴隶来干。所以如果你需要人剪羊毛，你就安排一名剪羊毛的奴隶；你想要理发师，就安排一名会理发的奴隶；想要一个铁匠，就安排一名会打铁的奴隶。你再也不用花大价钱去外面雇手艺人了。

群体劳作会让奴隶干得更快、更好，也更卖力。你应该把他们编成大概十个人的组，这个数目很好管理，再大的团队对监工来说一个人应付不过来。在庄园里，你要给各个工作区分配不同的组，不要让奴隶单独工作，也不要只有两个人工作，因为分散在各处就不好看管了。团队过大的另一个问题就是，个人不会觉得整个团队和他们自身有什么关系。人一多就会懈怠，但是如果团队人数合理，人与人之间就会形成竞争关系，谁偷懒一眼就能看出来。当有竞争存在，工作会变得有意思得多，这也意味着，当那些不肯出力气的人遭到惩罚时，其他人不会有意见。

你还要务必记得，每个奴隶被分配到的工作量应该和他或她的生理、心理状况匹配。比如，牧人就应该由勤劳和节俭的人来担任，这两种品质比身材和力气更重要，因为放牧的工作强调专一和技巧。对于耕田的奴隶来说，头脑虽然重要，但光有头脑还不够。你需要嗓门大的奴隶来耕田，这样才会让牛害怕。但是他还要为人温和，不然他就会残忍对待你的牛，牛自然也不会听从他的命令，还会早早就被苦活和皮鞭折磨得精力衰竭。

牧羊人也还是一样，你要记住力气和身高对这个工作而言都不重要。让你高个儿的奴隶去耕田吧，农场中没有别的活会比耕田更适合高个子！因为耕田时奴隶要站得笔直，可以把他所有的重量都依靠在犁把手上。至于一般的工作，或者在野外劳作的活，则对身高和身材没有要求，所有必备条件就只是他们要应付得了重活。你分配去葡萄园工作的奴隶应该有一副宽阔的肩膀，一身好肌肉，这些身体条件适合挖洞和修剪枝叶。是否诚实倒并不重要，因为在葡萄园里大家都被铁链拴在一起工作，很好监管，而且不那么老实的奴隶通常都是聪明人，照料葡萄藤靠的正是他们的强壮和智慧。以上便解释了为什么你看到在葡萄园工作的经常都是被铁链拴住的奴隶。不过我要提醒你，同等智力下，一个诚实的奴隶当然比不诚实的好。

不要认为奴隶是为庄园耕田的最好人选。雇用工人耕种贫瘠的土地肯定比奴隶做得效果要好，因为那工作更要求专注和精力的投入。因此，重要的农活还是让自由人来做吧，比如在丰收季采摘葡萄。如果你让奴隶去做牧马人和牧羊人，难免会产生一些问题。这是一项格外困难、没人想做的工作，不仅仅因为牧人要经受恶劣天气，还因为要面临被强盗和野兽攻击的危险。这工作也十分孤独，长时间不能和人接触，远离社交和家庭成员，所以最好把这种麻烦事交给贫穷的自由人，他们很需要钱，也更可靠。

如果安排奴隶当牧人，那你就得明白，你几乎无法监视他们。他们每到一处都有可能带来麻烦，要么是偷鸡摸狗，要么就是聚众打架。你还需要找不同身材的奴隶来适应不同的牲畜。看管大型牲畜，要配备年长的奴隶，但看管小动物就可以让小男孩们去做。放牧的奴隶要和牲畜一起沿着山间小道和牧场跋涉，所以一定要比单纯在农场里照看牲畜的奴隶强壮。这就是为什么你在牧场里见到的都是青壮年男奴隶，但在农场照料动物的都是些男孩甚至奴隶女孩。

牧人必须要一整天和他们的牲畜在一起，还要和牲畜们度过漫漫长夜，还要向他们的头儿汇报工作。

头儿要比其他人年长，也更有经验，这样才会受到尊敬，但是他也不能太老，不然就干不了重活，毕竟没有多少上了年纪的人能忍受陡峭崎岖的山坡小道，在赶山羊的时候尤其艰辛。

体格强壮的奴隶，具有敏捷活泼、协调力强的优势，这样就能对付一大群野兽和偷牛贼。他们要足够强壮，这样才能将重物搬到运货动物的背上，短跑和打弹弓也要很厉害。我发现有些人种就当不了牧人。巴斯图兰人（Bastulans）和特尔都兰人（Turdulans）①这两个人种都不好。但是高卢人却格外擅长放牧，特别是看管负重的牲畜。先前我说过，最好是80到100只羊配一个牧人，每50匹母马配两个牧人。

牧人的头儿必须保证牲畜和牧人的供给供应正常，尤其是牧人的食物和牲畜的药品。头儿还应该能写字，这样就可以做记录方便你查看，还可以写下药方，处理牲畜和人的常见传染病。当生病的牲畜和牧羊人远在牧场，身边没有医生时，药方就能派上用场。

老加图认为，奴隶们应该要么工作要么睡觉。实际上他更乐于看到奴隶们嗜睡，因为这种奴隶比精力充沛的奴隶更好管，他还认为爱睡觉的奴隶会更尊敬主人。老加图从不允许家中的奴隶离开他家，除非他或者他妻子有明令派这个奴隶出去干活。他也不允许

---

① 来自西班牙南部的两个部落。——译注

奴隶之间聊天，以防滋生懒惰。他还觉得正是对性的渴望让奴隶变得难以管教，所以要是男奴隶想和女奴隶待在一起，他就向他们收取固定的费用，但不会允许任何男女奴隶之间存在长期关系。在我看来，要维持一个大家庭，这不是好办法。从人性角度来看，尤其对于可怜的奴隶，主人还是要有点基本的公平。

一些人还觉得生病和年老的奴隶已经无利可图，一无是处。老加图建议，应该像丢垃圾一样把他们丢掉。他认为奴隶就应该被低价买来，被压榨工作，然后等死。一旦奴隶不再有力气干活，他也就不再给他们食物。我呢，还有大多数我知道的奴隶主，都觉得这建议太残忍，不像人干出来的事。诚然，老加图关心生病的鱼要胜过关心他生病的奴隶，但无论如何，丢弃奴隶是违法的。我个人觉得这种把奴隶当骡子使，等他们老了就遗弃的做法相当错误，因为他根本就忽略了奴隶和主人之间的紧密纽带。

我们做主人的有义务照顾好我们的附属品。养活一个生病的奴隶也许在金钱上对我们没有好处，但至少给了他康复的机会，能够减轻他的负担。我们可以找一些轻松的活给老年奴隶做，让他们能够对家庭有所贡献。但是，鉴于奴隶们繁重的工作量，很少有人能活到老年。我会让年长的奴隶去看大门，或是跟着我的儿子们去上学，给他们背包。

说句题外话，讲一下我拜访老友别墅时的一件糗事。我来到别墅门口,见那里站着一个老态龙钟的奴隶,便问我朋友:"你从哪儿找来这么个人?犯什么傻啊,从坟墓里掘出这么个老东西来看门?"但是我的朋友说:"马尔库斯,你不认识他了吗?他是费利西奥。我们曾经在农神节一起玩耍,他是我父亲管家的儿子。"我不知道他在说什么。"你真是疯了!"我说,"这个连牙齿都掉光了的干瘪老头怎么可能和我们一样年纪?"然而,当我转头看到朋友脸上的苍老,一切都明白了。的确,我们的韶光都已被流年带走,身为奴隶,费利西奥的年华一定被剥削得更厉害。不过我很惊讶我的朋友还记得他,毕竟,他仅是个奴隶而已。

谈到年龄,我自己是倾向于让小奴隶尽可能快点儿走上工作岗位的,当然五岁就很好。他们肯定能帮上点儿忙,照顾小动物、在花园里除草、晚宴上倒酒,女孩子还可以做点儿简单的纺织活,在厨房里帮工。做这些工作能让他们尽早适应,能训练他们明白自己在生活中的角色。

在你乡下的庄园中,最重要的奴隶就是你的管家了。挑选管家要格外慎重,如果他能力很强,那你就可以尽情享受和你阶层相配的高雅休闲活动。如果你挑错了人,那么庄园的生产力就会下降,纪律涣散,你不得不多次往返,从罗马——你的政治与社会中心——来来回回,赶到庄园来收拾烂摊子。我会亲自挑选、训练我的管家,来保证他们是我忠实的代理人,时刻为我的利益着想。我会挑选出两到三名二十岁左右的奴隶，他们的态度无一例外都曾给我留下过深刻印象，我将慢慢提拔他们，让他们在不同岗位轮岗，积累农场工作方方面面的经验。如果他们不孚众望，表现不佳，那我就会把他们降职，赶回之前的岗位。对于几位表现出色的奴隶，我会经常予以表扬，但还要确保他们从不因为恭维我而得到奖赏。实际上如果他们想拍马屁，我还会惩罚他们，这样他们就明白那种废话没用，最好还是好好工作，做出成绩。

我所能给你的唯一的，也是最重要的建议就是：不要从一群长得好看的奴隶里挑选管家，尤其不要挑那些浪费时间在城市里游逛的人。那些懒惰的奴隶喜欢泡在酒馆和妓院里，满脑子就是这些。你的奴隶团队中有这种人已经够糟的了，而当这种货色在庄园里被置于权威地位时，这将迅速对你的产业造成无法弥补的损失。

你必须挑选一个从孩提时期开始就在农场工作中历练、久经考验的人来担任管家，如果没有这样的奴隶，你也要选一个长期从事团队劳作的人来管事。这个人不能太年轻，要三十岁以上。如果太年轻他就管不了其他奴隶，年长的奴隶可不愿意听一个年轻人对他们指手画脚。不过他也不能太老，毕竟你也不愿看到他什么重活都干不了。他应该有全面的农场工作经验，如果没有，他也必须在某个领域是专家，这样如果他需要某一方面的新知识就懂得如何去学习。这个管家需要对所有事情了如指掌，因为在这样的位置上如果还要别人教他，他就不能服众。他识不识字倒是其次，只要记性好就行。实际上这样对你还更有好处，因为如果管家不认字，不能写字，他伪造账目的可能性就很低了。

管家应该擅长饲养牲畜，还必须拥有谦卑的性情，有同情心，这样就不会在行使权力时过于懦弱或过于残忍。他应该时不时迁就一下优秀的奴隶，有时又能够容忍糟糕的奴隶，这样他们就会畏惧他的严厉，而不是反抗他的暴行。要做到这点，管家最好在自己的工作上做到一丝不苟，这样他的下属就不太可能做错事，因为下属可以从他那里得到正确的指导，他还会成为奴隶们效仿的榜样。要想管好哪怕是最低劣的奴隶，最好的办法就是确保他们努力工作：你要告诉管家和监工，你希望他们时时刻刻监视那些奴隶，你要督促监工检查工作，看是否一切都做得有条不紊。不然工头就可能疏忽监管，对难搞的奴隶不再抱有希望，而这些人恰恰是他最应该密切留意的。

你还要激励管家和监工，给一些额外的福利保证他们工作更加认真。你可以允许他们存私房钱，攒自己的产业，让他们选一个女人过日子，只要你能接受奴隶们的这种关系。拥有老婆孩子会让他们更安定，当你的产业日渐繁荣，他们也能从中获益更多。在相处时，你得加上一点尊重，以此赢得管家和监工的人心。如果他们用真诚的工作来回报你的信任，那么你最好也问问他们有什么需求，要由谁来满足。这么做，他们就会觉得你把他们当作一个几乎平等的人来对待，而不是居高临下把他们当作奴隶。在慷慨的食物、衣服和额外的赏赐下，他们会受到激励，好好工作。

我对新管家有以下期望，可以让他们更加诚实地工作（虽然大多是众人皆知的老调陈词，但是确实很有用）：

我首先告诫管家，不可以让奴隶做任何除了他们主人吩咐之外的事。不然，你就会发现当奴隶们应该为庄园的事务操劳时，新管家会利用职务之便让奴隶为他们自己的事跑腿。还有，管家不能先吃饭，必须和下属们一起，而且吃的食物要完全一样。没有什么比目睹他的头儿大口享受珍馐，而自己却得咽下寡淡的食物更能激怒那些精疲力竭的奴隶了。一同用餐，也意味着管家会更加关注大家一起吃的面包是怎么做的，确保食物营养又卫生。

我还告诫新的管家，除非有我的允许，否则任何人不能离开庄园。如果我不在，没有紧急情况他们也不能放任何人出去。我还严令管家不可以做自己的私事，这样只会让他们分散注意力；也不能拿我的钱购买牲畜和货物，随后再去倒卖。沉迷于买卖赚钱会让他们没心思干正事。管家应该集中精力确保你的庄园运营良好，不然你就会得到一大堆他们没卖掉的劣质货物。

你要确保管家禁止算命者和魔术师走进庄园。这些人会让奴隶过度兴奋，被他们神神叨叨的故事、售卖的古怪咒语和药水迷得团团转。管家只有在购买工作必需品时才能进城。一周去一次集市就足够了。你不希望看到一个喜欢旅游的管家吧？只有在管家需要学习的时候他才可以去游历，而且如果这个地方足够近，他要在当天回到庄园。你还要告诉他不要修筑可以穿过农场的小径，这会让外来者踩踏你的田地。也不要让客人留宿，除非是你的家人或密友。

最重要的是，请务必和你的新管家再三强调，他不能不懂装懂，他必须积极学习他所欠缺的知识。

学习技能会让管家更好地工作，还可以免去不必要的错误，造成危害。种田不是难事，但你得要求你的奴隶去一遍遍重复正确的做法，如果他们一开始就知道如何种田，就不会因为无知而把事情搞砸。种田这份工作有一个很大的特点，那便是犯了错后要花很多时间和金钱来弥补。

下面是一个清单，列出了管家所需要负担的责任，这也可以帮助你确认这个管家是不是你所满意的。

- 他能维持严格的纪律——但也不会动用不必要的暴力。

- 他能让奴隶们卖力干活,这样他们就不会去惹是生非。
- 他能安排好宗教节日庆典(取悦神明,让农场硕果累累)。
- 他不会偷主人的财物。
- 他能够调停一群爱吵吵的乌合之众,让奴隶与奴隶之间避免争吵。
- 他能确保奴隶们吃饱穿暖。
- 记住:如果管家自己不希望奴隶们惹麻烦,那他们就不太会惹麻烦。
- 他能奖赏表现出色的奴隶,并对不尽如人意的奴隶给予惩罚。
- 他能根据罪行所造成的危害,公平地对犯错的奴隶进行惩罚。
- 他能安心待在庄园。
- 他能时刻保持头脑清醒,不会在庄园外用晚饭。
- 他不觉得自己比主人聪明,或表现得比主人还聪明。
- 他不会像对待自己的朋友那样对待主人的朋友。
- 他对主人,和主人命令他服从的人绝对服从。
- 除非主人点头,他不会借钱给任何人。
- 如果主人不允许贷款或延长借款期限,他必须要求借贷者马上还钱。
- 他不会将种子、饲料、大麦、酒和油借给任何人。

- 他能与附近的一两个庄园保持良好的关系，这样在需要的时候就可以从他们那儿借人手、货品和工具。
- 他会定期和主人对账。
- 他不会雇用长时零工，一次雇用时间不能超过一天。
- 没有主人的允许他不会购买任何东西。
- 不对他主人有所隐瞒。
- 不会对不同的奴隶有所偏心。
- 他不会咨询预言者、占卜者和占星家。
- 他不会在播种时吝啬谷种，那样会埋下隐患。
- 确保他了解庄园里发生的每一件事，一旦发现有不清楚的细节就及时补上，这样才会知道奴隶们在想什么。
- 记着，奴隶们更愿意为一个理解他们困难的人工作。
- 他要保持身体健康，睡眠充足。
- 在睡觉前，他能确保农场的安全，确保动物们已经喂过食，且每个人都在应该就寝的地方就寝。
- 他最早起床，最晚睡觉。

女奴隶们的头儿也是你需要慎重挑选的职位，通常她会成为管家的妻子。如果人选得当，庄园收入也将大为可观。总而言之，通过做好家务、纺织、修补和照顾病人，女管家能让农场尽量达到自给自足。

天气恶劣时，女性不能在室外工作，女管家应该安排她们编织和缝补。她得教一些女奴隶学会纺纱和编织，其他人则做好棉、麻的梳理工作。由庄园自己制作奴隶的衣服会减少你的开支。

天气好的时候，女管家应该经常在庄园走动，检查是否所有的奴隶都离开房内，而不是躲在谷仓里。如果她抓到一个装病逃工的人，那就要问清楚他为什么不工作。女管家必须懂得分辨奴隶是真生病还是装病。后者经常会说自己是真的，如果她相信这奴隶生了病，她应该带他去医疗室。不过就算他在装病，要是女管家觉得他是因为太累了想休息，那也可以灵活裁断，让他去医疗室休息一天。从长远考虑，应该让累得不行的奴隶好好休息，而不是在他真的生病时逼他工作。然而，你要保证这种灵活裁断的权力不被滥用。

女管家千万不要坐着不动，她的工作就是到处巡查各个岗位上的奴隶，确保农场在正常有效地运作。她必须走到织布机前教奴隶们新的技术，她也得向懂得多的奴隶学习。她应该检查厨房，看看奴隶的口粮是否做好了。她必须确保厨房、牛棚，尤其是猪圈的卫生达标。她应该巡视医疗室，就算没有病人她也要时时打扫，确保随时可以接待病人。

如果你不把管家和他妻子的任命当回事，你很快就会陷入噩梦一般的处境。在我的时代,我听到过一些骇人听闻的故事:管家不经主人同意卖掉了一部分庄园啦,还假装说多出来的钱是他管理庄园的正当所得;还有一个管家砍掉了庄园里大部分的树,卖了20000赛斯特斯,在账上增加了10000赛斯特斯的利润,剩下的进了他口袋。品行恶劣的管家会卖掉你庄园的一部分来增加他们的收益。起初,作为主人的你可能还不知道发生了什么,甚至很高兴这管家为你赚到了那么多钱。你给管家额外的口粮、衣物和休息时间作为奖励。但是很久之后你才明白过来,半个农庄和所有庄园赖以盈利的财产都被卖掉了,你这时就会狠狠惩罚管家,但是也为时已晚,你要花上大量时间和金钱弥补损失。

你必须定时访问庄园,这是最有效防止管家挥霍你财产的办法。主人经常不在会让奴隶们的生活日趋腐化和懒散。一旦习惯了堕落,他们的贪婪和无耻只会与日俱增,你不如直接雇用海盗算了。实际上,如果你的庄园很偏僻,只能偶尔去去,那你可以考虑一下雇用佃农耕种,让他们付给你佃租,而不用奴隶。你把所有的设施都丢给了奴隶,他们呢,知道你鞭长莫及,便安心地看着这庄园慢慢瓦解。他们会把牲畜租给别人,给动物喂少得可怜的食物,不好好耕田,假装种下了很多种子,实际上都卖掉了,钱进了他们口袋。贫瘠的丰收季到来后,随着他们偷粮食、少算存粮的蒲式耳①的行径,你的所得会继续减少,所有的奴隶都是一丘之貉,因为他们都是获益者,而作为主人的你,会败得一塌糊涂。

我经常不打招呼就来庄园,因为我要见到真实的庄园,而不是看那为了我的到访而整理一新的模样。我一到就叫来管家,要他立刻配合我进行视察。我会在庄园的角角落落走动,接见各个工作区的奴隶。我会推断我不在的时候他们有没有纪律松懈,忽视细节。我会查看葡萄藤是否被精心打理过,树上有没有被偷果实的迹象。我会数一数动物、奴隶的数量,还有农场的设施,看是否符合管家的财产清册所录。这样年复一年,你的庄园就会纪律严明、有序,能在你逐渐老去时让你省点儿心。如果你定期到庄园视察,奴隶们就不会钻空子,不会轻视你,给你应有的尊重。

时常去庄园遛遛也能让你大开眼界,认清一些自己已经忽略很久的现实,比如年华老去、难逃死亡这些事。最近,我去我的一个庄园视察,向管家抱怨那塌掉的谷仓。管家坚持说谷仓坍塌不是因为他疏忽料理,而是木头太旧了,但我记得这谷仓是我年轻时亲手建造的。我又看到了一棵长满木瘤的悬铃树,便抱怨说管家照顾得有多不好,管家回答,之所以长瘤只是因为这棵树太老了,但是我记得我曾亲手栽下它。

---

① 一种计量单位。——译注

有时你还会遇到一些令人不快的事。我曾有一座在南意大利的庄园，在一次视察途中，我正穿过花田时，一个被粗绳子绑住的女人跪到我面前。她手里拿着一柄干草叉，头发被剪短了，肮脏不堪，长袍也破破烂烂。"可怜可怜我吧，主人！"她哀求着说，"我生来是个自由人，但是被海盗抓住，这才卖到您管家手里做奴隶。"她说话的姿态很是优雅，容貌也透出高贵的气度，看来她的确生来身份不凡。我相信了她，不该做奴隶的。

这个女人和我说我的管家企图要和她上床，她祈求我放了她，并说回到家后会把当初买她的2000赛斯特斯还给我。她的家在海对岸，她就是在那里被绑架的。女人撕开她的长袍，给我看身上那些可怕的伤疤，都是管家打的。我被她的故事深深触动。

"不用担心，女士。"我说，"你可以回家去，我不需要任何赔偿。这样一位身份高贵、体态优雅的美人竟在我家沦落到如此境地，真是太让我丢脸了。"我叫来管家，那个名叫索斯丹尼的不知廉耻的奴隶，对他说："你这个残忍无道的人，你可曾见过我这样对待奴隶？哪怕是对最无用最可恶的奴隶我都不会这么做！"他承认他之所以从海盗手里把她买来是因为看上了她。我当场撤销了管家的职位，让女人洗了个澡，给她穿上新衣服送回家去。

可能你觉得就算这女人一眼看上去就是个自由

人，我做这些事也是疯了。但是对待你的奴隶们适当慷慨些，你也会得到好处。如果他们工作不错，你就要以礼相待。你不应该让他们变得傲慢，随心所欲说出自己的看法，但是如果他们在奴隶中有权威地位，你也要尊重他们。就像我说的，在探讨一件他们比我更清楚的事情时，我会虚心询问他们的观点甚至征求他们的意见。如果被这样对待，奴隶们也会有更积极的反馈，更有激情地参与工作。我甚至也如此对待受了惩罚被铁链锁在牢房中的奴隶。我去看望他们的时候，会查看他们是不是被绑得结结实实，但也会问清楚他们是否感到被不公正对待。最底层的奴隶也是最可能受到不合理惩罚的，因为上面是层层高于他的阶级。一旦被虐待和残忍伤害寒了心，这些最单纯最无知的奴隶也就成了最危险的人。我甚至还会允许奴隶们对监工吐吐苦水，偶尔还会赞成他们的说法。这样一来，麻烦制造者们就会受到约束，因为我给了他们的沮丧一个出气口，管家和监工也会老实一点，他们知道，就算是最无用的奴隶也有权利向我汇报对他们的反馈。

有些事你已经见怪不怪了，就是奴隶对待奴隶远比管家对他们要残忍。事实上你会发现，奴隶们会不择手段谋求一个职位，会为了排名等级争吵，为微不足道的冒犯大打出手，无论事实真假。要是奴隶长期生活在对管理者的恐惧下，就算没有利用他们的地位恐吓下属，也会有欺凌下属的倾向，然后他们就会变得残忍。这也是为什么不要在家中养太多来自同一民族的奴隶，因为他们会对细微的差异很敏感，一直在争吵干架。

归根结底，你得记住，奴隶是你重要的财产，他们也要保值。你必须避免任何可能会降低他们价值的行为。煽动温顺的奴隶做坏事是违法的。如果有人对你那逃跑和偷窃的奴隶表示支持，这也是违法的，你可以向他们要求赔偿。一味纵容赞扬只会让坏奴隶变得更坏。所以谁要是带坏奴隶，把好奴隶变坏，把坏奴隶变得更坏，他就是有罪。这里有一个清单，列出了一切教唆奴隶的行为，你可以由此获得财产赔偿：没有人可以教唆你的奴隶篡改账本；不能和他们发生性关系；不能教唆奴隶沉迷魔术；不能纵容他们浪费过多时间在玩乐上；不能煽动奴隶背叛你；不能让你的奴隶看闲书；不能鼓励他们不听话，沉迷赌博；不能劝说他进行同性活动等。无论是用暴力逼迫你的奴隶这么做，还是更潜移默化地带坏他们，你都必须警惕，这些行为会侵蚀掉奴隶作为财产的价值。

— 评 述 —

有许多上层罗马奴隶主受到斯多亚学派[①]的影响，认为奴隶主只拥有奴隶的身体，而并不拥有他们仍保持自由的灵魂。也就是说，他们认为奴隶与自由人一样具有与生俱来的价值，因此也应该受人尊重。这就迫使奴隶主必须要像对待花钱请来的雇工一般，和蔼且妥善地对待奴隶。我不知道这种思想在当时的社会上究竟有多流行，我们不妨理解为大多数奴隶主觉得自己有义务照顾好包括奴隶在内的依附者，哪怕是出于利己的目的，想要保护好自己的财产。

奴隶将从事什么工作决定了他们将受到何种训练，在田间工作的奴隶基本可以不受训直接投入工作。现存的罗马农书明确指出，要选一名有上进心的奴隶作为监工，这个人将负责庄园的日常运作，所以至关重要。在大型城市家庭中，菜鸟奴隶可能会由更资深的奴隶来训练，而不是主人自己。至于要调教多少奴隶，恐怕我们没法估计。罗马人喜欢家生奴隶的一个原因就是，他们生来就适应了被奴

[①] 目前较多的翻译是"斯多噶学派"，但该译法中的"噶"音并非来自于这个学派的全称Stoicism（该词源于创始人芝诺讲学大厅中有彩色绘画的柱廊stoa），而是来自于对该学派信众的称呼Stoic，故采取"斯多亚学派"译法更为准确。——译注

役。塞内加督促主人们要同情那些被迫从事卑微工作的新奴隶，这恰恰说明大多数主人并没有这么做。也许塞内加抨击的正是社会普遍现象，不然他所说的对罗马读者就没有意义。

农书列出了奴隶的口粮，不出所料，都是些清汤寡水。衣物也一样粗糙，仅是满足基本需求。奴隶可能会通过伪造账目，私下饲养动物、种植菜园来开小灶。但是被铁链拴着干活的奴隶就没什么机会。主人可能会纵容高级奴隶这么做以改善他们的生活。

在众多罗马著作中，关于用奴隶打理庄园是否能产生较大经济效益，作者的观点一直很矛盾，因为去监督他们也要花费好大一笔钱。人们普遍认为奴隶会想尽办法偷懒，但佃农却因为在土地产量中有收益可分，会更加卖力。使用奴隶也与雇用罗马理想中诚实的自耕农形成鲜明对比，共和国的成功就是建立在这二者身上的。如今，大量使用外来奴隶在土地上耕作似乎是个错误，也很难说是进步。一般而言，拥有巨大庄园只不过是为了满足主人的炫耀之心，同理，养一大群奴隶也是这个目的。多数大庄园主其实兼用各种各样的奴隶和自由雇工来耕种。

在对待老去和生病奴隶一事上，各人态度也大相径庭。君主克劳狄乌斯颁发了一项法令，禁止人们把老弱奴隶遗弃在台伯岛。这个措施仅仅是为了防止社会公害威胁到罗马的中心,而不是要提升奴隶的地位。与大多数罗马人相比,塞内加提倡更加宽容和善意地对待奴隶,但就算是塞内加自己,也就是那个老看门人故事的主人翁,也早已把童年玩伴忘个一干二净。一旦奴隶不能再提供服务,大多数罗马人就不太会花钱去照顾他们了,除非出于个人原因,比如赡养年老的保姆。

对于年幼的奴隶,法律规定超过五岁就可以开始工作。这不奇怪,因为他们不需要接受教育,可以在农庄或家中承担一些不重要的工作。

农场的管家对庄园主来说当然很重要。包括《圣经》在内的古代文学中,邪恶管家一直是不断出现的一个母题。鉴于大多数大庄园主一年中至少有好几天都不在,他们就完全只能靠这些管家来维持产业,凭借所得盈余在城里挥霍享乐。这就是作者要强调定期视察庄园的原因,因为长期缺席会让管家看轻主人,导致土地和农庄没有得到良好的维护,从而迅速减产。

奴隶是高价买来的,每个主人都要在善待他们和使用他们之间找到平衡,有时还要多多表扬。你可以时不时狠狠揍他们一顿,但不能总这样,不然很快就会把奴隶折磨个半死。在乡下,你还要明确划分奴隶群体,用物质奖励和自由这一终极目标,鼓励一群管家为你出力,让农庄高效运作。

如果想要阅读古代农场管理的书籍，可以看老加图（Cato）的《农业志》（*On Agriculture*）。关于自给自足这一目标，见瓦尔罗（Varro）《论农业》（*On Agriculture* 1.16）。历史上关于要由奴隶还是自由佃农来耕作土地的讨论，见科路美拉（Columella）《论农业》（1.7）。有关群体劳作的资料，见老普林尼《自然史》（18.4）。见到坍塌农舍而感叹韶华易逝一事，见塞内加《书信集》（12），且有关他儿时玩伴的故事也在其中。牧羊人的工作细节，可见于瓦尔罗《论农业》（2.10），书中也详述了管家的工作内容（1.17）。科路美拉在《论农业》中列出了管家的职责（1.8），而同书（12.3）中也有详述管家妻子的工作。选用恶劣管家会产生哪些问题，见西塞罗《控告维勒斯》（*Against Verres* 2.3.50）。女子被海盗掳掠，并受到虐待，在主人视察时寻求帮助的故事，改编自阿喀琉斯·塔提奥斯（Achilles Tatius）的小说《琉席贝与克利多封》（*Leucippe and Clitophon* 5.17）。老加图对奴隶的态度，见普鲁塔克（Plutarch）《老加图的一生》（*Life of Cato the Elder* 4.4, 5.2 and 21.1）。

第三章

找一个合适的伴侣

一天晚上，我做了个相当离奇的梦。我梦到自己走进了奴隶们睡觉的那间小储藏室，选了一个有日耳曼血统的年轻女奴，然后和她发生了关系。这个梦一直困扰着我，那很可能是预示我将变成奴隶的一个信号，因为我居然和他们发生了关系！或者还可能更糟，我的子孙们最后都可能会沦为奴隶阶层！这种想法让我心神不宁，我找来城里一个叫阿提米多鲁斯的解梦者询问此事。

"不要担忧，"他向我保证，"梦到和你的奴隶交媾是件好事，因为这代表着做梦者的财产将为他带来快乐。"

当然是这样！现在他解释给我听，意义就很清楚了。我一直对这种仗着自己地位高来寻欢作乐的事很克制，但是神在梦中告诉我要放轻松，好好享受。奇怪的是，奴隶在梦中出现的次数非常频繁，甚至在奴隶的梦里也是如此。阿提米多鲁斯告诉我，他接诊过一个奴隶，梦到自己的阴茎被主人抚摸，还勃起了。奴隶来询问他，满怀希望觉得这个梦境代表他将在某个方面讨主人喜欢。但伤感的是，这个梦预示的并不是什么好事，它意味着奴隶将会被绑在柱子上，被主人用鞭子狠狠打一顿。

伟大的哲学家君主马可·奥勒留拥有两个极其俊美的奴隶，却从未染指，这让他很是引以为豪。不过，要期望大多数主人都有这样的自制力，我们未免过于苛刻了。主人从年轻奴隶身上获取性快感再正常不过。我现在就有一个非常喜欢的男宠，只有十四岁，我让他怎么伺候我他都乐意，毕竟满足主人的愿望有什么可耻呢？这很正常嘛！我说过，如果你想买一个男孩来当宠物，那么我就建议你去朱利亚会堂，问问奴隶贩子手头有没有埃及人。埃及人很适合做这个工作，他们皮肤光滑，有一双纯良的眼睛，眉毛低垂，鼻子细长，还有披散的长发和红润的丰唇。至于年轻女奴，我建议你考虑金色头发的巴达维亚人。不管你想找什么样的宠儿，都请注意，千万不要在讨价还价时过于兴奋，被欲望冲昏了头而忘了留个心眼。很多经验丰富的中年男子，虽说阅历不浅吧，结果做出来的事——付的价钱，就像个傻子干的。

我喜欢奖励我的宠儿一些小礼物，表明他们对我而言很特别。收到我妻子不穿的衣服，奴隶女孩们别提有多开心了。我妻子完全不介意我与奴隶厮混，哪个男人没有这些小瑕疵呢？当然了，我可不敢想她和男奴隶去行苟且之事，那会为我和我的家庭带来巨大的污名。

和奴隶发生关系有一个难免的危害就是你会让奴隶女孩怀孕。不过她们通常很乐意和主人有更密切的联系，对于她们的孩子，我也会比对平常的奴隶多一点溺爱，会赏给他们稍微好一点的口粮，分配轻松的工作。我说过，我希望由他们来照看我真正的孩子，毕竟他们有我一半的血统，更值得依赖，也更忠诚和勤劳。显然我不会对每个私生子都这样。如果孩子生下来就病恹恹的，又或者孩子已经够多，那我就会命令母亲把他们扔进垃圾堆里。这让我想起来听过的一个笑话，有一天，一名女奴为一个蠢货生下孩子，蠢货的父亲要杀了那孩子，蠢货却回答："你杀了自己的孩子吧，然后你才有资格杀掉我的孩子。"

但是有一点很重要，你不能允许你的女奴陷入不道德的性交易。当我在出售还有几分姿色的女奴时，我会在买卖契约里写好条款，确保新主人不让她卖淫。至高无上的皇帝维斯帕先曾颁布一项法令，即如果在出售时，女奴附带有不能被强迫卖淫的条件，那么一旦她被强迫从事卖淫活动，就可以恢复自由。皇帝还强调，如果买主后来又将她卖给了别人，却没有附带这个条件，那么重返自由的权利也是奏效的，她会成为她最初的主人的释奴。

当然，奴隶们也渴望和奴隶发生关系，很多人想要一个家。这完全取决于你，要看你是否同意他们在一起。奴隶不能享有合法的婚姻，但是允许他们进行非正式的结合。一般来说，当家中有两个奴隶到我跟前来说这事，我都会同意。你的首肯会让他们对你感恩戴德，拒绝则会招致怨恨。婚姻形式的关系也会为我的家庭带来稳定，因此我建议你同意奴隶们组建家庭。这会带来很多好处，不仅能让他们心满意足，愿意通过更努力地工作来赢得自由，还能产生作为"人质"的后代，这样他们的父母就更不可能逃跑。还有，这意味着一旦老奴隶被解放或死亡，他们的孩子还能代替父母的位置，这样一来，你的奴隶将真正融入家庭成为一分子，而不是买来的外人。

不过有时候我也会拒绝他们保持长久的关系，一般是因为我觉得双方的性格都不尽如人意，或者察觉出他们这么做是因为对现状不满，想借此机会结合以挑起更大的骚乱。这样我就会卖掉其中一个奴隶，防止在我不知情的状况下发生问题。谢天谢地，这种情况非常少见，而我奴隶中有三分之一已结了对子，虽然这不合法，但只要他们获得自由，婚姻就会在法律上得以承认。

更随意的性关系就很难管理了。庄园里的女奴经常数量不够，所以常常是几个奴隶和一名女奴保持性关系。我会用一扇插栓门将女奴隶和男奴隶的寝室隔起来，这样就不会惹出乱子，也保证不会有未经我允许的孩子出生。频繁的性生活会削弱男奴隶日常工作的精力，而在农场工作必须要保持体力充沛，所以我只偶尔会允许男奴隶进到女奴隶的寝室，这样既不会因为次数太少引起不满，也不会因为次数太多造成生产力下降。

一般来说，我更愿意主动安排奴隶的关系，分配一个长期的伴侣给他们，这样就可以选出一对工作又好，又善于抚养孩子的奴隶。奴隶生下后代对我和奴隶都有好处。要是有女奴能生产三个活下来的男孩，我就允许她不再参与工作。如果生超过三个男性后代，我就让这个女奴恢复自由。《伊索寓言》中有一则鸽子和乌鸦的故事，寓意是说：最可怜的奴隶是那些生下孩子的奴隶。这句话在我看来很难理解，我猜是因为奴隶害怕孩子被卖掉而导致骨肉分离。我很少这样做，除非是想惩罚他们。

繁育奴隶既大有用处又能带来利益，但是你应该牢记，这也要花费资金和时间。农场的奴隶就很简单，他们一天都待在农场里，只要给他们分配一个女人就行。可牧羊人的情况就复杂得多，他们在山谷林地中看守羊群，在随便凑合的小屋中睡觉，活得相当粗糙，所以得派个女人跟着他，给他准备食物，但又要确保她们足够强壮，能在恶劣的环境中活下去。她们经常要和男人做一样的工作，照顾牲畜、取回柴火、修理小屋。至于喂养后代，我就只说一条，女奴们在工作的时候也哺乳，胸前同时抱着孩子和圆木。

对于奴隶头头，也可以叫管家或者监工，你应该更大方地奖励女人给他们，作为做事忠诚的激励。他要得到的不仅仅是一个能陪伴他的女人，还得是一个能帮他执行重要任务的女人。没有你的允许，监工通常不能和任何一个家中成员走得太近，更不能和一个外人关系密切，所以他的伴侣是个重要角色，挑选必须慎重。我会邀请我的管家来和我一起吃晚餐,讨论候选伴侣,这样他们会觉得在做这一项对我们都重要的决定时,自己也有话语权。

选择这样一位女人(事实上就是农场的女管家)时,你应该考虑一名在食量、酒量、睡眠和性这几个方面都展现出强大节制力的人。还有,这个女人的记忆力要很好,这样她在工作时会更加细致,也会更急切地想讨好她的主人。当她做了讨你欢心的事时,你就展现给她看你有多高兴,同样,当她不能满足你的愿望时,你有多失望也要表现出来。简单来说,你必须训练她,让她真心地希望家庭发展壮大,让她觉得这成功也有自己的功劳。你要激励她形成公平意识,把更多的好处给应得的人而不是名不副实者。你要让她清楚,诚恳的服务将会比好吃懒做和偷偷摸摸带来更多的财富和自由,如此她就会变成这个重要职位上可以信任的人。

城里奴隶的关系则更容易监控,因为他们就在你的屋檐下。挑选一对既对家庭有益,又子孙绵绵的潜力股奴隶,对你和你的妻子来说就像进行一个室内游戏。如果作为一家之主的你能够表现得公正严明,你的奴隶数量就会大大增长。但是你最好不要只依靠家中的繁育来满足对奴隶的需求,疾病、受伤和夭折都意味着你的奴隶数量在减少。时不时带进外面的新鲜血液也颇有益处,使你的"羊群"焕然一新,也能敲打一下你已经有的奴隶，他们可能早就懒散得忘乎所以。我喜欢自己的奴隶有一半家生奴隶，另一半是外来奴隶。但是就算如此，你也要明白，有家生奴隶是一件开心的事，能提升整个家庭的精气神，他们能增加庄园的价值，为你提供忠诚和温顺的服务，也见证了家庭的团结和生生不息，正如罗马这个运作良好的国家。

— 评 述 —

在公元2世纪阿提米多鲁斯（Artemidorus）所著的《释梦》中，奴隶是频繁出现的一个主题，有时还会和性挂钩。这意味着罗马人在潜意识里深受这等级森严、压抑重重的世界影响。但罗马人对梦的解释不像弗洛伊德，认为梦是内在意愿的外化，并且与潜意识中的性关联。他们更喜欢将梦看作是上天对做梦者的未来启示。在古罗马社会里，奴隶是最卑贱的人，因此若未来的预言与奴隶有关，那释梦便有了戏剧性的效果。有趣的是，《释梦》一书中还提到奴隶前来咨询的例子，这说明奴隶们有足够的钱去找占梦师，而且觉得这么做很值。可见奴隶和自由民一样对自己的未来很是在意，他们受人奴役，但从来没有被剥夺希望，仍非常关心自己的命运。

有许多证据表明，奴隶受到过主人的性虐待。主人对奴隶的绝对权力以及奴隶缺乏基本人权是这一问题的原因。哲学家皇帝马可·奥勒留为自己拒绝两名美貌奴隶的诱惑而感到自豪，正说明了很少有主人会像他这样。和成年或处于青春期的男性奴隶发生关系并不会给主人蒙羞：只要他想，主人可以随意对奴隶做任何事，也无关奴隶的年纪、性别。按今天的标准来看，很多主人会被认为是恋童癖。另外，奴隶的意外怀孕情况则更加普遍，也成为人们茶余饭后的笑柄（希耶罗克里斯和费拉格流斯所著的《爱笑人》[①]中有诸多这样的例子）。在佩特罗尼乌斯（Petronius）《讽刺小说》（Satyricon ch.57）中，一名释奴表达了对性虐待奴隶的憎恨，他说："我为与我同床共枕的女奴赎了身，从此再不会有人用肮脏的手摸她的胸部了。"在同一本书中（ch.75），人物特利马尔奇奥说，十四年前，在他还是个孩子的时候就是他主人最喜欢的男宠了，他又辩称道："我想说的是，按照主人的意愿去做事，何错之有？"这一套也是大多数主人为他们行为辩护的说辞，至少他们感觉有必要为自己辩护一下。在大多数奴隶

[①] 现存最早的一本笑话集，约成书于公元4世纪到5世纪，收录了200多个笑话，相传作者为古希腊喜剧二人组希耶罗克里斯和费拉格流斯。——译注

主眼中，奴隶就是想怎么用就怎么用的财产。

我们不知道奴隶自己对此怎么想。不过可想而知，性虐待会对他们的心理造成很大的负面影响。现代研究指出，遭受过这样虐待的人通常会情绪不振，低声下气，自信受到打击。在阿提米多鲁斯的《释梦》中（3.28），老鼠就象征着家中的奴隶，胆小怕事。奴隶自杀的常见程度引起了法律的重视，于是有规定说奴隶贩子必须告知将来的买主，奴隶是否尝试过自杀。自杀，或者尝试自杀，本身都不是一种心理疾病，但的确暴露了一个人内心深处的压力。

或许古罗马奴隶并不认为满足主人的性癖算是虐待，可能他们会像特利马尔奇奥一样说服自己。此外，如果可以证明奴隶没有强烈的自我意识，那就能得出结论，他们并不会被性虐待影响。只有意识到自身价值的人才会感觉到被羞辱和戏弄。但是，有证据表明，很多奴隶对公平和自身价值有着强烈诉求。阿提米多鲁斯就描述了很多奴隶"渴望自由"，并为之做出很大牺牲（2.3）。德尔斐的奴隶解放铭文上，记载了很多奴隶为向神明乞求自由不惜花费千金，祈求在未来某一天，特别是主人去世后能有自由之身。释奴的墓碑上也常见着重点明个人成就和自我价值的内容。

这些证据说明大多数奴隶厌恶，甚至怨恨自己的社会地位，在生活中面临着巨大的压力，其中一个就是性虐待。现代心理健康的研究，甚至常识都告诉我们，这样的情况会对人内心的健全造成毁灭性打击，并导致奴隶群体中普遍的心理问题。这样看来，奴隶患有心理疾病的可能性更高，尽管症状与现代人有所不同。

第四章

谁救了自己的主人

我是个务实的人，所以这本书里也都是干货。我没有时间去谈论希腊人花里胡哨的哲学，更无暇照顾沉迷逻辑诡辩论的读者。但我的确也认为，若能适当对奴隶的问题有所思考，会帮助你更好地管理他们。只有知道了奴隶为什么成为奴隶，才可知主人为什么能成为主人。所以，我希望接下来阐述所谓奴隶哲学的时候，你能看得下去。

我们罗马人都知道自由和奴役之间的关系，正如善恶一样难以界定。希腊人提出了一个问题：奴隶身为社会中最低等的人，是不是意味着他们的道德水平也一定是最低等的？如果奴隶的道德品行并不比他们的主人差，那这种奴役是否就不公平呢？我之前提到过，哲学家亚里士多德认为奴隶之所以成为奴隶，是由于他们生来低贱，野蛮人天生就比希腊人低等，所以成为高尚希腊人的奴隶再适合不过。我不知这话是否真有人信，但有一点可以肯定，就是希腊人在奴隶的问题上持非黑即白的观点。所以在希腊人看来，一个自由人成为奴隶，那么他在内心还依然保有自由的天性；但若是一个野蛮人受到奴役，就只是命该如此。

有一次我听到两个希腊人在激烈地争吵某事（我想不起来是什么事了），刚好其中一个人是个奴隶。最后，那个自由民似乎吵不过他的对手，绝望地举起双手说："你知道个什么？你不过就是个奴隶！"奴隶却笑得很开心，回答道："但是你能说出奴隶和自由民的区别吗？"那个自由民坚持说他知道，区别就是：他是自由的，而奴隶不是。他这么一激，奴隶就像被啄了的斗鸡一样变得更加好斗，嘴上更不饶人，他问那公民，是根据什么来判断自己在社会中的地位的？公民怎么就那么肯定，他母亲没有偷偷和奴隶们交媾，而其中一个奴隶是他的父亲？雅典有很多名人在长大后才知道自己在婴儿时期就被偷渡到雅典，被雅典父母抚养长大，但实际上他们是彻彻底底的外来者。那位自由民怎么就知道自己不是这外来者的其中一员呢？

你们看看，这正是一个聪明过头的奴隶。最后那自由民只好说，不管你的辩论有多么机智，说什么不能百分之百确定奴隶就是奴隶，自由民就是自由民，但有一点总可以确定，你现在是奴隶。但是奴隶对这看法不屑一顾。

"得了吧！"他说，"你真觉得只要是被奴役的就是真正的奴隶？有大把的自由民正受到不公正的奴役。你不经常看到他们在法庭上申述，提出证据证明他们是自由的吗？成千上万的人都遭受了这种不公正待遇。还有，如果一个雅典人在战争中被俘，被船运到波斯或西西里卖作奴隶，我们不会把他当成奴隶，还会认为他其实是个自由民。但是，如果一个波斯人或西西里人被卖到雅典，我们就肯定不会当他还是自由民看！"

所以，那自由民说，就是因为受到了奴隶般的待遇才让一个人成为奴隶，而他的对手却并不买账。

"那又如何，"奴隶说，"我主人供我吃喝，叫我干活，如果不干就受到惩罚，这种待遇叫作被奴役，那么他儿子也是奴隶了，他们要听从父亲的一切指挥，如果不听话也会被打一顿。"

他还说，以此类推，那学校里的学生也是老师的奴隶。自由民反驳说老师和父亲才不会把他们的学生和儿子用铁链拴起来，或者把他们打发去石磨上干苦力。只有主人才会对奴隶那么做。但是奴隶回答说，在很多地方，父亲也这么对他们的儿子。他自己就知道有不少人把儿子卖去当奴隶换钱，不过剩下的儿子倒不算是奴隶。

那个奴隶的主要观点就是，无论"奴隶生来就是不值一钱的奴隶"受到多么广泛的认同，他们还是有机会获得自由的，而且他们的孩子也有可能成为自由民。同样，如果一个自由民不幸被俘，被卖作奴隶，那么他就是一个真正意义上的奴隶，和别的奴隶没有差别。奴隶从来就不是天生的。

值得庆幸的是，一旁围观的人们终于按捺不住了，这奴隶不仅拒绝承认任何现状，还自作聪明，所以大家问他，到底什么是真正的奴隶。有围观的人说，如果一个人对另一个人有完全的所有权，可以对此人做任何想做的事，如同对待其他的财产，那么此人就是他的奴隶。但是这奴隶问："什么叫完全的所有权？"

毕竟有很多人看似拥有一栋房、拥有一匹马或别的什么东西，但最后却被曝出来其所有权根本不合法。同理，一个男人或女人也可能会被他人非法占有。有史以来第一个奴隶一定是战俘，因为没有人生下来就是奴隶。换句话说，让曾经的自由民被迫奴役，这既不道德也很难站得住脚。因此我们不能说他是天生的奴隶，因为他过去是自由民，一旦逃跑，就会再次获得自由，重获从前的地位。

一个围观的人说，尽管很显然这些人以后可能不是奴隶，但他们在奴役期间生下的孩子和孙子一定是，这些孩子生下来就是奴隶。"这怎么可能？"奴隶回答说，"如果一个人因为被捕而为奴，那也不能影响到子孙吧？如果以出生为条件，那么那些曾经是自由民的战俘，他们的孩子也不应该是奴隶。"

这个奴隶继续说，也许"奴隶"这个词一开始指的只是那些具有奴隶特质的人。我们都知道，自由民可能会带有奴隶的特性，奴隶也可以有高尚的人格。就像"高贵"和"有教养"这两个词：人们用它们来指那些具备美德、举止优雅的人，而不是指他们的父母。奴隶生下来并不比自由民差到哪里去，只是后来人们在说话和用词时没想那么多，便把负面的词加到他们身上。实际上，只有那些道德沦丧的人才是真的奴隶，而他们的社会身份既可能是奴隶也可能是自由民。

这问题希腊人可以吵上一晚！但我们应该明白，自由之于奴役就像善恶一样难定，这一点我们在开始就说了。不一定所有的奴隶都是坏的，除非他们表现出奴隶的卑劣特性。一个人的道德水平是他心灵的映射，和他的社会阶级却不相干。我们需明白一个很重要的道理：奴隶也是人，我们应该像对待人一样对待他们。

有智慧有见地的主人都明白和奴隶保持紧密关系的重要性，毕竟他们与你生活在同一个屋檐下。况且世界之大，无奇不有，说不定哪天你就成了奴隶，而奴隶成了你的主人。我一直觉得，人们以和奴隶共进晚餐为耻相当荒唐。为什么要这样？的确，如今的主人总是身处大群奴隶簇拥之下，但除此之外他们还有什么好傲慢的呢？他们埋头大吃大喝，直到脑满肠肥，腹部肿胀，只能勉强消化塞进去的美味珍馐，然后又费很大劲把它们吐出来。

主人用餐时，他可怜的奴隶不能发出一点儿声音，只能安静站着，不然就会遭到毒打。不小心打个嗝也会干扰到主人这只饕餮。只要奴隶发出一点响声，就免不了最严重的责罚。整个晚上，主人吃饱了又吐，然后再把肚子塞饱，他们只能站在一旁，无声无息地在饥饿中颤抖，不敢让咕咕叫的肚子打扰主人的美餐。

倘若主人如此对待奴隶，那么奴隶在背后议论他也就不足为奇。相反，那些不仅允许奴隶在面前说话，还允许他们和自己说话的主人，却拥有一班愿意用生命来效忠他的奴隶，在危险来临时更愿意为他挺身而出。主人用餐时也允许这些奴隶彼此交谈；而当敌人动用酷刑，要从奴隶嘴里得到主人的信息时，他们却能咬紧牙关。

如果你觉得奴隶就是仇敌，那么请记住，是因为你把他们当作了敌人。人们对待奴隶是多么残忍和不人道，好像他们只是会说话的动物，而不是人类。就比如，我们靠在软垫上吃晚饭，奴隶就必须站在旁边，主人吃撑喝吐了他们就要去清理呕吐物。还有的奴隶要负责切开昂贵的雏鸡和家禽，他手法娴熟，用训练有素的双手在家禽的胸部和尾部游走，但却分不到任何一块肉吃。真是可怜！这奴隶活着的唯一理由似乎就是为主人熟练地切开烤鸡。不过比起这个别无选择的奴隶，认为他活该如此的主人比他还要可悲。

负责倒酒的是一名男扮女装的小奴隶，他费尽心力想看上去幼小些，尽管他的男性特征已开始显现。还有的奴隶要评估宾客们的表现。他紧张地站在那里，记录下谁谁谁表现得令人不快，以判定明天是否还要再邀请他。还有做菜的奴隶厨师，他们熟知关于主人口味的一切细节，能精确判断何种食物会挑动他的味蕾，取悦他的嘴巴。他们知道主人喜欢怎样的上菜方式，哪个新菜式能在生病时让他精神高涨。他们了解什么食材会让主人倒胃口，又是何物能让他垂涎三尺。

但是不用想也知道，主人不会和这些厨师一同吃饭，因为和奴隶同坐一桌就是大跌身份。

有一次，我见有个主人把客人都邀请进去吃晚饭了，却还让他的奴隶站在大雨中等候。后来，这主人又把这个奴隶低价卖掉，充作拍卖会上第一批暖场的奴隶次品。那么这名低贱的奴隶最后怎么样了？他后来成了一个权势一手遮天的自由民，爬上了仅次于皇帝的位置，家里的餐厅竟有三十根玛瑙柱。于是，他以牙还牙地回报了旧主人对他的轻蔑。

你得认真想想，这个被你称为奴隶的人，和你一样，也是他母亲的骨肉，和你一样呼吸空气，也和你一样会死去，因此你必须透过奴隶的外貌看到他身体里自由的天性。同样，你内里也拥有奴隶的特质。命运常常会把人带入低谷，出身高贵的人某天也可能会在泥水中匍匐。如果有一天，你也将面临你奴隶今天的处境，你还会鄙视他们吗？

我并不是想给你上课，教你怎么对待你的奴隶，我只是想说，如果你希望你的上层怎么对你，你就该怎么对待奴隶。当你想要对奴隶施加权力时，也请想想上级对你施加的权力。如果你反驳说，我没有上级，那么请记住，一切皆有可能，说不定哪天你就会低人一等了。

所以，当奴隶们犯错的时候，发发慈悲吧，和他们好好谈谈，以礼相待，还可以和他们一起吃饭。听到这一点，很多生活奢靡的奴隶主一定会对我尖叫：这么做真是叫人恶心，令人蒙羞！但是您难道不知，伟大的祖先不就是希望我们这么对待奴隶吗？他们称奴隶为"家庭成员"，而主人是"家庭的头头"，因为大家都是家庭的组成部分，是奴隶给了主人受人崇敬的地位，和在家中主持正义的权力。我们的祖先认为家庭就是国家的缩小版。

所以你会问，我难道每晚都要请奴隶共进晚餐吗？我的意思是，就像请你的孩子吃饭一样就行了。你不应该只因为奴隶做低贱的工作就忽视他们，不能因为他干的活卑贱，就对一个牧骡马的人评头论足。工作只是随机分配的，真正重要的是道德品格，这点每个人都不一样，需要自己培养。你必须邀请表现出众的奴隶和你共享晚餐，因为这是他们应得的待遇，这样其他人就会受到激励，在将来做得更好。如果你的奴隶举止粗鲁，常和你们自由民待在一起也可以让他们摆脱这个缺点。

你看，你不能只在相似的阶层交朋友，要是仔细观察，你会发现奴隶中也有你的朋友。再上等的木料，若无巧匠雕刻，也会变形腐朽，但如果去尝试发现，你就会有很多上等的"木料"可供使用。你买马的时候，可不仅仅只检查马鞍，还要检查马本身。所以，根据衣着或社会地位来评论一个人就很愚蠢。你眼里看到的奴隶，可能具有自由民的美德。

实际上，我们在内心都是奴隶。有人是性的奴隶，有人是金钱的奴隶，还有人是名声地位的奴隶，而所有人都是希望和恐惧的奴隶。让我给你举些例子，看看那所谓的高贵人群又有怎样下流的行为。我知道有个执政官，挖空心思想要继承一名老妇人的遗产，就甘心成为她的奴隶；还有一个有钱的老头追求年轻女奴，以为自己魅力无敌，想不动用权力来得到她的芳心；我还知道很多高贵家庭的少爷被舞台上的戏子迷倒。世上没有比自愿为奴更低三下四的了。所以，你不应该听那些所谓的贵人怂恿而停止结交奴隶，甚至不善待他们。不要做不可一世的上级，要让你的奴隶敬重你，而不是畏惧你。

我敢说有人一定会指责我，说我这是要煽动奴隶造反来推翻主人，他们大概还会说奴隶地位卑贱，必须尊敬和畏惧他们的主人。这些人简直想要比神明还高的待遇啊！如果奴隶尊重你，自然就会爱戴你，而这种爱戴是不夹杂畏惧的。所以你一定要明白，你并不需要让奴隶害怕你，他们犯了错，口头责骂就已足够，鞭打只是用于惩罚野兽的。我们活得太骄横了，以至于有一点事不顺心，就会像暴君一样歇斯底里。暴君脾气乖戾，和所处的尊崇之位毫不相称，但同时，暴君的地位也意味着没人敢违抗他们。实际上，让我们不快的事根本微不足道，也伤害甚微。如果奴隶给我们上错菜，该怎么办？乱发脾气吗？乱发脾气只会给我们带来更多害处。不管怎样,我也不是在教训你们,管理奴隶确实很难,经常让人一肚子气,但是你应该把这些理想化的规范记在心中,尽管现实中常常不能实现。但是若没有一个标准在,你就会养成坏习惯,像暴君一样对待奴隶,好像他们只是会说话的动物而已。

如果奴隶不是生来就粗鄙,那么你也不是生来就专横的。身份不足以代表你的高尚,你必须用行动来证明。你的奴隶当然也要展现出并不粗野的一面,以示他们也可以举止高贵,像自由人一样。如果奴隶持续在恶习中沉沦,那么就难怪有些人会觉得他们生来邪恶,天生有道德缺陷,无法企及生活中更美好的事物。

我想要向你证明,奴隶是能够展现出优秀品行的。不是所有奴隶都无耻狡猾,他们也可以忠诚而高尚。因为他们的灵魂尚是自由的,所以能够表现出最好的美德。有很多人对奴隶能否回报他的主人心存疑虑,实际上,为了帮助主人,奴隶经常有出人意料之举。

有太多奴隶浴血保护主人的例子。他们完全不考虑自己的安危,甚至身上已千疮百孔还继续战斗,直到流尽血管中最后一滴血,只为给主人争取足够的逃跑时间。还有的奴隶拒绝出卖主人,哪怕受到致命的折磨。

除此之外,奴隶还有各种各样的英勇表现。愈少见的事物就愈加可贵,因此同一件事,奴隶来做就比自由民来做更值得大书特书，况且奴隶的行动还受到必要的限制。尽管主人把讨厌的权威强加于他们身上，奴隶对主人的爱还是战胜了为奴的怨恨。

实际上，这些品行优秀的奴隶并不在少数。当格鲁门托城被包围时，局势相当危急，有两个逃跑的奴隶向敌人投诚。后来，获胜的军队在城内屠城，这两个奴隶假装带领军队跑回了从前做奴隶的那家，想要帮助女主人逃跑。侵略者问这女人是谁，奴隶说这曾是他们的女主人，他们正想把她带走处决，因为过去她也对他们下手残忍。这两个奴隶把女主人带到城外，要她小心藏身，直到敌军的烧杀抢掠过去，他们才放走了女主人。作为回报，女主人赐予了他们自由。被曾经生死由她的奴隶救回一条命，这女主人并不觉得丢脸，后来她变得颇有名望，她的大度也成了所有罗马人的典范。

还有一个例子，是关于高级军官保罗斯的。一次，他正躺在躺椅上用晚餐，手上戴了一枚戒指，上面有一颗巨大的宝石，雕刻着君主提比略的肖像。他随后站起来在便壶前解手，却被臭名昭著的密探马珞盯上了。这真是个千载难逢的机会，马珞可以因此诬告保罗斯玷污君主的肖像，然后换取一大笔赏赐。保罗斯的奴隶察觉此事，见主人已喝得醉醺醺，便飞快地把戒指从他手上取下来，自己戴上。当马珞对其他用餐的人说，他亲眼见到保罗斯玷污君主的肖像时，奴隶便向众人展示，戒指在自己的手上。

在神圣的奥古斯都统治期间，晚宴还没有这么危机四伏，但也是一不小心就会酿成大错。当时，一个叫作鲁弗斯的元老院元老喝醉了，在晚宴上大声叫嚷，说君主即将踏上的远征将没有回程，为了保佑他平安回来而杀死公牛祭神只会适得其反。晚宴时站在鲁弗斯躺椅边的奴隶在第二天早上把他醉酒时说的话都告诉了他，并催他抢在其他告密者前头，主动找奥古斯都坦白认错。鲁弗斯前去找到奥古斯都，发誓说自己没有意识到昨晚说了些什么，并祈求神灵将所有不幸都降临到自己头上，放过君主，求他能够宽恕自己。奥古斯都原谅了他，但鲁弗斯回答说，旁人可不会相信，除非君主给他一个证明，随后要求得到一大笔钱的赏赐。奥古斯都按他说的做了，并说他不可能真的对鲁弗斯动怒。当然，君主能够原谅愚蠢的鲁弗斯已经非常大度，但真正救了主人的是那名奴隶。毋庸置疑，鲁弗斯一回来便马上赐予他自由。

我还可以继续列举很多很多例子，向你们展示隐藏在奴隶内心中的好品质。罗马贵族尤比纳斯的事也值得一提。由于不知名原因被判死刑后，他藏身在位于列阿特[①]的庄园里。有人告发此事，他的奴隶便戴上尤比纳斯的戒指，穿上他的衣服，假装成主人躺在

[①] Rieti，位于亚平宁半岛中部。——译注

卧室里。搜捕尤比纳斯的士兵闯入家中，找到了这个奴隶。奴隶镇定地起身，模仿着他主人的神情与形态，毅然决然地走上刑架。尤比纳斯后来得到了赦免，他为这个奴隶修建了一座坟墓，墓碑上刻下了奴隶伟大的义举。

还有的奴隶虽然被主人责罚，却仍对主人以德报怨。安提纽斯·雷斯提奥①被放逐后在夜晚独自逃跑，奴隶开始洗劫他的财产，唯独一个被铁链拴住，前额被打了烙印的奴隶没有趁火打劫。其他奴隶把他放了，但他没有参与抢夺财物，而是跟上了逃亡的主人。他找到了雷斯提奥，雷斯提奥害怕极了，以为他是来找自己复仇的。但奴隶说，他明白给自己施加耻辱刑罚的不是主人，是命运。奴隶把雷斯提奥藏起来，给他带去食物。不久以后，那奴隶发现士兵们正在逼近，便掐死了一个奄奄一息的老人，堆了柴火堆把尸体扔上去。他把柴火堆点燃，告诉每一个经过的人说雷斯提奥死了，他曾给自己的额头打下烙印，真是罪有应得。人们信以为真，士兵们就此离去，雷斯提奥得救了。

同样，西彼俄在谋杀奥古斯都的计划败露后被判处死刑，他的一个奴隶把他装在柜子里，运到台伯河下游，并趁着夜色将其带到乡间庄园。随后，奴隶把他带上了一条船，但中途船却出了事，奴隶便把主人

---

① 公元前68年曾任保民官。——译注

藏到那不勒斯。后来两个人被捕了，奴隶也拒绝透露任何对他主人不利的信息。还有，当阿西尼乌斯·波里奥在攻占帕多瓦城时，胁迫城内富人提供武器和财物，很多富人就地藏了起来。波里奥用钱财和自由做诱饵，要这些奴隶出卖主人，但是没有一个人这么做。

马克·安东尼曾经被指控性骚扰，指控者对他的奴隶（我不记得奴隶的名字了）施加酷刑，要他提供对主人不利的证据，因为罪行发生时他在一旁提着灯笼。只有当主人同意，对奴隶的审问才会开始，因此马克·安东尼很不情愿，生怕奴隶在威逼下什么都招了。但是尽管奴隶知道自己将受尽折磨，还是催促主人把他交上去，并保证不会说任何对他不利的话。随后奴隶被严刑拷打，但还是一个字都不说。

一些奴隶甚至宁愿死亡也不愿意和主人分开。比如，当盖乌斯·维提乌斯被自己反水的军队逮捕，即将被交到庞培手里时，他的奴隶便将他杀死，然后自杀，不愿独活，这是多么高尚的品质啊！当盖约·格拉齐被元老院派来的人追杀时，他忠实的奴隶优波努斯与他形影不离，伏在主人的尸体上剖腹自尽。

这样美好的品格不仅表现在男性奴隶身上。有一名女奴的壮举格外值得铭记，而且你会发现，还没有任何一名贵族女性的所作所为能比得上这伟大的爱国之举。

我们都知道7月7日是属于女奴隶的节日。那一天,女自由民和她们的奴隶会在野生无花果树下向朱诺·卡普罗提娜[①]献祭品,纪念女奴为了捍卫罗马城荣耀的非凡勇气。公元前390年,罗马遭受洗劫,国家危在旦夕,附近部落看准机会在此时侵略罗马领土。他们任命斐德奈的独裁者利维乌斯·波斯吐穆斯率领军队攻打罗马。利维乌斯要求罗马元老院交出所有的母亲和没结婚的女孩,不然将继续烧杀抢掠。元老院犹豫了。此时,一个叫作特忒拉的奴隶女孩说,她和其他女奴将打扮成他们女主人的模样,代替她们到敌人那里去。这些女奴穿上罗马妇女和少女的衣服,列队走向敌人,一大群人在后面落泪,看上去似乎是在为他们的母亲、姐妹、女儿伤心。利维乌斯将她们分配到各个营帐,女奴们给士兵灌酒,假装庆祝罗马的节日。当士兵们都喝醉呼呼大睡时,女奴们便来到营地旁的无花果树下给罗马士兵传递信号,罗马军队突然发动袭击,大获全胜。为了表示感谢,元老院命令解放所有的女奴,并给了她们一大笔赏赐。众人还决定一年举办一次献祭来铭记这一天,纪念女奴们的英雄之举。

通过这些例子,我想你应该会同意,我们不能蔑视奴隶,有足够的理由显示他们是一群值得信赖、谨慎勇敢的人。说实话,你经常会发现有很多人,他们的别墅中展示着各位杰出祖先的胸像,他们自己对家

[①] 罗马神话中主神朱庇特之妻,女性的婚姻、生育之神。——译注

谱中的细枝末节了如指掌，但其人除了徒有虚名，行为压根谈不上高尚。

宇宙是我们共同的父亲，所有人都起源于宇宙，不论出身高贵还是卑微。你不应该轻视任何人，尽管你不知他从何处来，又是多么不受命运眷顾。如果你的祖先既有奴隶也有自由民，那么请为你卑微的出身感到自豪。不要让骄傲蒙蔽了双目，看不到奴隶的优点。所有的奴隶都可能成为罗马人，尽管需要经过很多代人的努力。

其实，奴隶只能效仿主人树立的榜样。如果老师做了错误的示范，学生就很难学好。如果主人自己粗心大意，奴隶也很难仔细谨慎。我明说吧，我就没见过不称职的主人还能带出好的奴隶，但我却知道有些好主人家中的奴隶并不善良，不过他们自然会受到严惩。如果你想要奴隶有更高的道德，你必须监督他们，检查他们干活。干得好，给出力者奖赏；当他们表现差时，也千万别不敢惩罚。只有通过你的言传身教，奴隶才能有进步的希望。

几乎所有奴隶都不如他们的主人，可惜大多数奴隶都没受过提升他们能力的训练。可悲的是，我们必须依赖下人去做很多事，我们用奴隶种植粮食、烹饪食物，我们要他们洗衣服、拎包。我知道一个自我约束很差的罗马名人，他居然置自己的尊严于不顾，竟要让奴隶来管住他的手，好让他不要在晚宴上暴饮暴食。多么丢脸啊，他一个主人还要听奴隶的。像这样放纵自己的主人才是真正的奴隶。

— 评 述 —

法尔克斯对于奴隶的态度在这章中变得格外通达，他笔下所述斯多亚学派的思想也深深影响了古罗马哲学家塞内加关于奴隶的思考。斯多亚学派认为"奴隶就是奴隶"这一说法早已过时，真正重要的是一个人内心的灵魂。而且若一个有钱的奴隶主沉迷于邪恶之举，比如滥交和暴饮暴食，他其实才是真正的奴隶。

古代希腊人的看法则完全不同。在古希腊哲学中，如亚里士多德的学说，都认为奴隶是与自由希腊人对等的存在，野蛮人和奴隶几乎是同义词。很多年以后的英美奴隶贸易就将这种思想作为奴隶种族主义的基础，认为黑人天生就比白人低下，生来就该做奴隶。古罗马人却从来不强调奴隶和自由民之间的区别。罗马公民中有许多释奴，在这样的社会里再强调奴隶的天生性显然没有意义。很多人自己就是奴隶的后代，在这一压倒性事实面前，维持罗马种族的纯洁性简直毫无可能。这也意味着，罗马人能毫无压力地将其他意大利半岛居民变为奴隶。尽管相比非意大利人，这些人与他们在民族上更接近。相反，希腊人就认为，奴役其他希腊半岛的人非常可耻，因为不论性格如何，希腊人生来就是自由的。

法尔克斯则对奴隶持更为人道的看法。他认为，奴隶制不过就是社会传统而已，在某些方面奴隶还是具有自由民特性的，也会表现出美德，因此应该得到应有的尊重。

然而，可不能就因此认为罗马帝国倡导人道主义。我们必须牢记，斯多亚学派中没有关于普遍人权的学说，只不过给主人列出了一些模糊的责任，要他们妥善对待奴隶，前提是奴隶表现得体，以此激励他们更听话。主人采取这种温和态度的一个动机就是，他们害怕奴隶会杀害自己。毕竟几乎所有人都认同，就算奴隶有美德和优点，也不可能比主人好。而其他的群体，比如女奴，在大部分情况下并没有文本提及，因为她们不在讨论之列。

没有证据显示斯多亚学派真的有影响到奴隶的待遇，因为它没有引发任何废除奴隶的想法，甚至也没有人因此批评奴隶制。塞内加等人有关奴隶的著作写得非常深奥空泛，只针对一小群受过教育的思想家。塞内加自己在别的书中也对奴隶多有微词，一反他此前对奴隶的积极评价。法尔克斯也许并不代表一般古罗马奴隶主的想法，虽然他这样的理念在当时很流行，但仍没有证据表明罗马主人因此对他们的奴隶更加友善。或许我们可以把这种精英思维看作是对政治环境巨变的反应。和塞内加同等身份的古罗马精英们不得不生活在暴君尼禄的统治下，所有自由罗马人都成为君主的政治奴隶，奴隶本身也就不重要了。

希腊人和那名聪明奴隶的讨论，是在屈梭多模（Dio Chrysostom）的《演说词》（Oration 15）的基础上演绎的。斯多亚学者们针对奴隶的看法，见爱比克泰德（Epictetus）《金玉良言》（Discourses 4.1）。西塞罗引用斯多亚学派的思想，说主人有义务公平对待最低等的奴隶，见其所著《论义务》（On Duties 1.13.41）。罗马人有关"个人价值由个人行为展现，而不是与生俱来"的思想，见屈梭多模《演说词》。一名罗马奴隶主要请奴隶来制止他暴食过度的故事，见老普林尼《自然史》（28.14）。关于各种奴隶美德的记载，见苏埃托尼乌斯（Suetonius）《语法家》（Grammarians）、马克罗比乌斯（Macrobius）《农神节》（Saturnalia 1.10.16-25）和塞内加《论恩惠》（On Benefits 3.23-8）。认为奴隶应该受到和普通人一样的待遇，见塞内加《书信集》（47）。有关古代关于奴隶制的各种分析，见剑桥大学教授彼得·加恩西（Peter Garnsey）《奴隶制思想——从亚里士多德到奥古斯丁》（Ideas of Slavery from Aristotle to Augustine）。

第五章

———

惩戒与处罚

如果你养的驴脾气很倔，那么就没必要花心思费口舌去劝说它听话。对待奴隶也一样：无论你曾多么努力想要维持理想的主仆关系，你总会发现，所谓关于奴隶的理论一点实际用处都没有。你奉之为圭臬的书中说，你的奴隶们有多么高尚，多么勤奋，你也希望他们正是如此，但在现实中，你还必须得时不时狠狠敲醒他们，让他们认识到自己是多么卑贱的身份，好迫使他们给你卖力干活。别妄想善待奴隶就会解决一切问题，不服管的奴隶是不会明白其中的逻辑的。这种奴隶就像动物一样，只有鞭子才能让他们乖乖听话。其实你会发现，奴隶在大脑中还是普遍充斥对体罚的恐惧，他们甚至梦到自己被体罚。众所周知，如果一个奴隶做梦梦到牛肉，那这征兆对他来说可是不妙，因为体罚用的皮条和鞭子都是公牛皮做的。体罚会困扰奴隶，却并不会困扰他们的主人——你。相反你应该明白，他们对体罚的恐惧还巩固了主人的强势地位。一个奴隶要是时刻都想着主人的威严，不论他在做什么工作，都会更加集中注意力，更加卖力，也更加有效率。

奴隶是需要被时不时体罚一下的，但是也请你注意，不要做过头。在可能的情况下，你得维持纪律和保有权威，不要仅仅因为奴隶回答你问题时嬉皮笑脸，就给他一顿鞭子。他们毕竟是你的财产啊！损坏财产无疑是在伤害你自己。如果其他人对你造成伤害，你便会在法庭上要求他进行金钱赔偿。伤害你的奴隶也一样,尽管伤害一个奴隶的赔偿仅是自由民的一半。

然而可悲的是,有太多人在惩罚奴隶这事上一发不可收拾。与很多奴隶主一样,我的朋友就要求家中奴隶在他和家人吃饭时保持绝对的安静。最近,我在他家用了一次晚饭,席间一名侍者捂住嘴打了个喷嚏,结果便招来了一顿毒打。另一名侍者在上汤时咳嗽了一声,就被拖出去用木棍狠狠揍了一顿。我不得不说,这真的太煞风景了!我怀疑当客人都走后,奴隶们的处境会变得更危险,我听说,那一晚任何在服务上有所欠缺的奴隶,以及所有没把菜品做到极致的厨师都被打个半死。维迪乌斯·波利欧[①]有一个流传甚广的故事,他曾邀请他的朋友,神圣罗马帝国君主奥古斯都到家中用晚饭。宴会中,奴隶打碎了一个珍贵的水晶杯,波利欧命人把这个奴隶拖出去喂他养在鱼塘里的大鳗鱼。这很显然是波利欧故意做给奥古斯都看的,要他看看自己是多么有魄力。这只能说是残忍,算不上什么魄力。那男孩逃到奥古斯都的脚边,请他救救自己。他哀求奥古斯都说能不能让他换一个死法,不想成为鱼的晚饭。奥古斯都对这种别出心裁的残暴大为震怒,他命令维迪乌斯还这名奴隶自由,然后要其

[①] 维迪乌斯·波利欧(Vedius Pollio,前100—前15),相传曾任罗马帝国亚细亚行省总督,以残暴出名。——译注

他奴隶把能找到的水晶杯都带过来,在他们主人面前摔碎。奥古斯都还命令维迪乌斯把鱼塘填上土,放走里面的鳗鱼。

当然,我们都干过这种事。哪个奴隶主不曾因奴隶的无用而暴怒大打出手呢?我听说本地一名奴隶主在大发雷霆精神错乱时,把他的奴隶从一楼窗户扔了出去。我的一位朋友,对他那从不做事的老奴隶忍无可忍,便砍断了这名奴隶的大腿,这样他就求仁得仁,再也不用到处走了。就算是君主哈德良也在被奴隶惹恼后用笔刺穿了他的眼睛。但是愤怒归愤怒,我们不应该表现得过分狂暴,更不要发明新的刑罚来吸引宾客的眼球。奴隶打碎了一个杯子,难道你就要把他碎尸万段吗?你应该尽量控制自己的情绪。因为只有当释奴自己拥有奴隶时,才会有这种泄愤行为。释奴的残忍无情可谓臭名远播,所以只有不停地抽奴隶鞭子才能弥补他们曾经卑贱的创伤。

当然,我在这里说的是私人奴隶。至于那些犯下了不赦之罪,被法院审判后发配到矿上工作的公共奴隶,则不在宽恕之列。他们的身体受到摧残,被迫承受最艰辛的工作。对他们来说,最后通常只求一死,因为活下来要忍受更巨大的折磨。这些罪犯是罪有应得。不过也有那种被工头带到矿上工作的奴隶,他们面临的恶劣环境也好不到哪去,这难免让人心生同情。这些奴隶为矿主带来了意想不到的财富,但他们自己却被一刻不停、夜以继日的地下开采摧毁殆尽。工作条件很差，休息只是妄想，反而还会被监工的鞭子催促继续劳作。还有很多自由民为了生计到矿里谋生。这些矿不再是曾经那条通向财富的捷径了，饱含金银的矿层已经枯竭，要想生产同样数量的金块，奴隶们就得在更危险的环境中进行更繁重的工作。

我以上所说的也不针对那些经过法庭公正的审判，被丢到竞技场中去喂野兽，取悦观众的奴隶。这些奴隶会遭受此等命运，与他们主人的突发奇想无关，毕竟没有人会把他们的奴隶卖掉用作这个目的。当看到奴隶们被野兽撕扯四肢，听到嚼碎骨头时让人耳麻的咯吱咯吱声，有些人感到轻松无比，确信自己正目睹一场罪有应得的处罚。我的朋友最近在餐厅里挂上了一批特别精美和雅致的马赛克画，画面就展现了这种极刑。他认为这看上去真是太棒了！

还有一些私人奴隶必须被处以死刑的情况。我首先想到的一个例子，就是在本可以帮助主人时，奴隶却没有施以援手。当主人面临险境的时候，奴隶应该多考虑主人的安危。我记得有一次，一名奴隶女孩和女主人同睡一屋，有个歹徒闯进房内要谋杀女主人。歹徒威胁女孩说，如果她敢喊出声，就杀掉她，所以这女孩一句话都不敢说。她本来可以救女主人的，无论是用身体拦住歹徒，还是大声向家中的其他奴隶求救。所以事后这女孩被处死了，只有这样，其他奴隶才不敢在他们主人面临危险时先考虑自己。

我自己要惩罚奴隶时，一般会借助第三方的代理人。当地议会就提供这一服务，他们负责对奴隶进行处罚，并收取一定的费用。价格也非常合理，如果我没记错，一次鞭打收取4赛斯特斯。他们来到我家，会支起一个刑架，然后依法把犯错的奴隶从关押的地方带出来，把他绑在刑架上面。代理人考虑周全，甚至还提供绑奴隶用的绳子。公然处刑也给了其他的奴隶一个善意提醒：好好表现别惹事。而且找人来惩罚奴隶也不会脏了你的手。在过去，国家允许主人自行处罚奴隶，这些代理人就会提供十字刑的用具，包括十字架和钉子。当需要折磨奴隶时，他们还提供滚烫的树脂。那时候，大多数主人会当众审判被控犯下大罪的奴隶，如果被判有罪，甚至还会当场杀了他。

在我乡下的庄园里，有一个肮脏昏暗的地下监狱，用于关押逃跑的奴隶，让他们尝一尝孤寂的滋味。头顶上只有一条裂缝能透过一丁点儿光亮，天花板遥不可及，食物也是少得可怜。虽然时至今日，严格来说这样关押奴隶是非法的，但我认为这法子相当有效，因为可以将恐惧灌入最笨拙、最顽固的乡下奴隶心里。我也会打发奴隶去磨坊工作，代替驴来转磨盘。这种艰难的劳动足以让最邪恶的奴隶也举手投降，他们很快就会变成为一副悲惨的模样：衣衫破烂，面庞瘦削，身上都是面粉，像战斗时浑身铺满细沙的摔跤选手。

请注意，我不会折磨他们太久，因为这会很快消磨他们的意志，破坏了激励他们努力工作的初衷。

在惩罚他们的时候，你千万不能感到愧疚。奴隶是被他们自己的罪行毁掉的，而不是因为你的残忍。万一你因为不正当的理由打了奴隶，无论用手还是用其他的物品，感到良心上的不安，请马上在施暴的那只手上吐口口水，被打者的怨恨就很快减退。君主哈德良竟然还和那个被他刺伤眼睛的奴隶道歉。他问那奴隶，想要什么作为赔偿，奴隶的态度却变得大为不敬，大放厥词说皇帝再怎么补偿他也没用，没有什么赔偿可以弥补一只眼睛。这就表明，如果你好声好气对待奴隶，他们就会利用你的温柔而变得更加不识抬举。

注意，在鞭打奴隶时不要伤了自己的手，如果处于暴怒之中就更加要注意。我知道一些人不仅用拳头打奴隶，还把脚踩在奴隶身上，要是手里刚巧有刀，就会把刀刺进奴隶的身体。我的几个朋友还因为打奴隶的牙齿伤到了手。我有个朋友是名医生，他在各方面都是个可结交的人，但是他脾气大，用手打奴隶是家常便饭，有时候还会用脚。不过大部分情况下他是用皮条打他们，或者用任何手边的木制品。所以他经常在施暴的时候擦伤、拉扯肌肉，而这本该是奴隶受的伤。

我们还应该知道，豢养奴隶其实给奴隶主提供了一个个人提升的机会，让我们懂得如何控制自己的天性。这就是我不用手打奴隶的另一个原因。控制一会儿你的怒气，而不是任由自己陷入怒火中。你不如仔细想想这个奴隶应该打多少棒、挨多少鞭子比较合理，还可以让专门执行这任务的奴隶或者代理人来做。

在打奴隶之前你要三思，这也得以展现你的道德优越性。我们能原谅和我们作对的高卢人和不列颠人，那为什么不将这种宽恕赐予更低等的奴隶呢？我们难道不应该对悲惨、懒惰、多嘴的奴隶更加仁慈吗？如果他是个儿童，那么年龄就是他得到宽恕的借口；如果是一名女性，性别就是借口。既然我们出于尊敬而不和上级生气，我们就应该保持足够的尊严，也不要和自己的奴隶生气。把卑劣的奴隶送去牢房来平息怒火，很难说得上是高明之举。

再说了，无法控制的暴怒还会带来法律问题。有一位叫作斯黛忒拉的女子，向君主发问：丈夫去世后，她是否要履行丈夫遗嘱的其中一条——那一条遗嘱是她丈夫在被两名奴隶惹怒后写下的。他要其中一名奴隶永远被铁链拴住，另一个被卖到重洋之外。君主回答说，斯黛忒拉的丈夫在立下遗嘱后还活了足够长的时间，如果他想改变这一条，可以重新写一份，把这条在愤怒时写下的遗嘱删去。所以，他的遗嘱应该被尊重，除非有证据表明主人的愤怒已经得到缓解，证明奴隶可能特意做了好事来减轻主人的怒气。皇帝明确指出，证据必须是要书面证明，而不是另一个奴隶的口头陈词。

现在的君主越来越喜欢干预主人和奴隶之间的关系。这很合理，我们的一国之主，是每个人的守护神和头领，应该要为我们的主仆关系提供行为准则，指导我们怎样管好家务事。多名君主曾下令，若奴隶到神明或神圣君主的雕像前寻求庇护，就有权利让自己所受之苦得到调查。这一决定，源于几个行省的总督向君主的提问：若奴隶躲到神庙里，在君主雕像下藏身，要怎样处置他们？君主宣布说，如果是因为主人难以忍受的暴虐让奴隶逃跑避难，这个奴隶就应该被卖到新主人那里，所得收益则给原来的主人。这一决定很明智，也符合大众的利益，人们的确不应该随意对待他们的财产。虽然主人对奴隶有绝对的权力，但保护奴隶不遭受暴行、饥饿、非人的不公正待遇，对于大部分主人来说是有利的，这些保护措施应该提供给有正当理由反抗它们的奴隶。

在罗马共和国早期，一家之主对于奴隶可以想罚就罚，甚至可以杀死奴隶。现在，这种生杀大权转移到了政务官手里，没有奴隶主可以对奴隶进行过度的施暴和虐待，除非他们有这么做的法律依据。实际上，根据神圣君主安敦尼[①]的法令，若没有正当理由杀死

[①] 安敦尼（Antoninus Pius），即《后汉书》中的大秦王安敦，公元138—161年在位，统治期间帝国强盛安宁，位列罗马帝国五贤帝（其余四位为涅尔瓦、图拉真、哈德良、马可·奥勒留）之一。——译注

自己的奴隶，奴隶主便会受到和杀掉他人奴隶一样严厉的刑罚。

不过事先说好，惩罚你的奴隶，无论是用棍子打他，用鞭子抽他，还是把他用铁链锁住动弹不得，都是合法的。就算奴隶在这过程中死去，你都不会面临任何犯罪指控。但如果你故意用棍子或者石头杀死他，用凶器造成致命的伤口，用套索把他吊死，或者从很高的地方把他扔下来、逼他喝下毒药，那你就会被指控谋杀。如果你动用只有国家才能使用的酷刑，比如砍断他的四肢，你就会被起诉。关于酷刑，我会在下一章详细讨论。

还有一种不良行为值得特别注意，即奴隶逃跑。奴隶逃跑这种事很常见，也让人沮丧。作为奴隶主，你会经常遇到这种情况，就算你极力公平地对待奴隶，给他们足够的食物、房间和衣物，当且仅当犯了错时才惩罚他们，奴隶也会逃跑。你会发现这些不知足的人会利用战争和不稳定的局势而逃之夭夭。这时候人们往往被其他事情分心，不容易发现他们逃跑。

一般你会希望找回失去的财产，我建议你提供一笔悬赏金，在市集张贴告示和相关描述。提供与奴隶相关的真实信息，选一个出众的特点，让他容易被认出来。拿我以前贴过的一个告示作为例子："一名叫作赫蒙的奴隶男孩逃跑了，大概15岁，身穿长袍，系腰带。他走路总是大摇大摆，好像自己是个名人，说话喋喋不休，声音很尖。如果有人把他带回来，将会得到300赛斯特斯。如果提供他所在之处的信息，会得到100赛斯特斯。请将你得到的信息反馈给行省总督府的官员。"

你也可以找专门的奴隶猎手，但是价格更高。速度是必不可少的，因为猎手靠犬只来追踪逃跑的奴隶。他们走不了多远，通常就在你庄园附近。你还可以叫政府帮你，用你的人脉来保证官员尽力去抓捕逃跑的人归来。如果你认为奴隶可能跑到某个行省，就写信给那里的当权者，先致以你的敬仰与问候，请他们看在友情的份儿上为你提供帮助，听一听使者送去的证据，随后找出这些奴隶，让他们回到你这里。

如果其他方法都不奏效，你还可以用魔法给逃跑者施咒，尽管我不推荐这种迷信的方法。与其花钱找回，最好还是多花点时间和金钱防止奴隶逃跑。

如果逃跑的人被抓住带回来，我建议你宽大处理。很多人不赞成，他们会把奴隶关起来，狠狠打他们，甚至砍掉四肢。这会带来一个风险，回来的奴隶会非常害怕他所面临的命运从而自杀。

在逃跑者的脸上打上印记是防止他们再次逃跑的简易方法。如果他再次逃跑，印记可以有效防止奴隶逃避检查。其他奴隶主会强迫奴隶戴一个金属项圈，上面刻有如下字样："抓捕我吧，因为我是个逃跑的奴隶"或者"把我送回到我的主人法尔克斯那里，你会得到金币作为奖励"。你还可以把第一句话缩减成首字母，每个人都知道是什么意思。

如果逃跑者去了神庙请求宽恕，那你就要走法律程序了。你得允许政务官或者祭司来调查这个事，决定你和奴隶谁对谁错。如果他们做了利于你的决定，你就应该保持风度，把这个奴隶带回去，并发誓说你不会心怀恨意。如果判决不利于你，那又如何呢？向神圣的皇帝让步并不丢脸，奴隶得到了他想要的新主人，而你则得到了一笔钱，从而能够换个奴隶。不知足的奴隶不会对你有所感激，那你也正好收回了花在这个白眼狼身上的金钱。而如果奴隶成功逃跑，或死在逃跑途中，抑或是在偏远的行省被抓，被政务官审判后丢给野兽，你损失可就大了。

我给你讲一个关于逃跑者的奇闻。一位颇有学问的朋友告诉我，这是他在罗马城内亲眼所见。一天，大竞技场里即将上演一场各种野兽的搏斗，几百种动物被带进竞技场以取乐观众，不仅有无害的羚羊、长颈鹿，还有庞大可怕的野兽，以巨大的体形和残忍的天性闻名。在这骇人的兽群里，狮子无疑是令人瞩目的焦点。我朋友特别注意到其中有一只狮子，它是如此巨大，举止凶残。它的嘶吼深沉，令人心惊胆战，脖颈充满着力量，肩上的毛发飘逸浓密。它已经很多天没有进食了，正发狂似的等待鲜肉。

这个时候，一批准备喂野兽的犯人被带了进来。

其中一个是名奴隶，叫作安德鲁克里斯，他的主人是执政官。他被带进竞技场，这只狮子也被放了出来。观众各个抿着嘴唇，准备观看狮子会对这个手无寸铁的人做什么。但是，最匪夷所思的事情发生了。这只狮子从远处望向奴隶，并没有扑向他大口撕咬，而是像被雷击中似的停了下来，接着它缓慢而安静地靠近奴隶，好像与他认识。狮子温柔地摇动尾巴，像一条讨好主人的狗，走近那名被吓个半死的奴隶，轻轻舔他的脚和手。在这只野兽温柔的轻抚下，奴隶慢慢冷静下来，恢复了意识，终于，他睁开眼睛看这只狮子，脸上绽放出大大的笑容，给了那狮子一个大大的拥抱。

众人眼见这惊人的一幕，啧啧称奇，开始大嚷起来，要求知道发生了什么。这时皇帝把安德鲁克里斯叫到跟前，问为什么这残暴的狮子居然能放过他，安德鲁克里斯讲了一个神奇惊人的故事：

我的主人曾在阿非利加当总督。他为人实在是残暴，有一天我对他每天无理由的鞭打终于忍无可忍，决定逃跑。为了能从他身边逃脱，我必须藏身于远离肥沃平原的沙漠里。我已有打算，如果找不到食物和水，就算是自杀也不要被送回去。一天中午，太阳刺眼难耐，我藏到了一个偏远的山洞中。没多久，一只狮子蹒跚着进到洞里，它跛着脚，一只脚掌血流如注，疼得嗷嗷直叫。

一开始看到狮子走近，我怕得很，心想肯定是闯进了狮子的巢穴，我完蛋了。但是狮子看到我缩在远处，却谦顺地走到我身旁，慢慢举起爪子，似乎要求我帮帮它。我看到一块巨大的碎片插入爪底，我费了很大劲才把它拔出来。然后替狮子挤出伤口中的脓水，擦掉血迹，让血凝住。我那个时候一点儿也不害怕了。狮子的伤口得到了治疗，很明显轻松不少，它把爪子放在我手里，躺倒在地上睡去。整整三年，我和狮子一道住在山洞里，甚至吃一样的食物。狮子会把它打到的最好的猎物留给我，因为没有火，我就把猎物在太阳下晒干再吃。

但我还是无法忍受这种野外的生活，终于，我在狮子出去捕猎的时候离开了洞穴。我走了三天，还是被士兵发现并抓住，把我从阿非利加带到罗马，那时我的主人也回来了。他很快判了我死刑，让我去喂野兽。这狮子显然也被人抓来了，送到了罗马，在竞技场里扮演吃人的角色。现在它是要偿还我治好它爪子的恩情。

人们急切地想知道安德鲁克里斯和皇帝说了什么，所以皇帝让传信者将这个故事完整写在公告牌上，传遍了竞技场。所有人都要求放了安德鲁克里斯，皇帝于是开恩赦免了他，在人们的建议下，也把这只狮子赐予了他。在那以后很长一段时间里，你会看到安德鲁克里斯用一条细绳牵着狮子，在罗马的大街上行走。崇拜不已的人们朝他扔钱，在狮子身上撒满了鲜花。人们说，狮子是那男人的挚友，而那男人则是医好狮子的医生。

— 评　述 —

　　在这一章中，法尔克斯再次换上了严厉面孔。不过，古罗马奴隶主对奴隶的体罚倒是非常常见，人人都默许，日日都发生。在古罗马剧作家普劳图斯的喜剧中，奴隶最典型的形象就是终日都在设法逃避主人的鞭子。然而，也不是所有的奴隶都会遭受严苛残忍的对待。毫无疑问，每个奴隶命运各不相同，这取决于他们的主人。罗马人自己也会指责那些暴虐无道的主人，也许正是这种公众名誉监督才能有效限制主人的行为，好让他们在惩罚奴隶一事上不至于太过分。

　　这种公共意识最终在钦定宪法中有所展现，宪法明确了究竟在何等情况下，主人才有权惩罚一个无罪的奴隶。维迪乌斯·波利欧把打碎他水晶杯的奴隶扔去喂鳗鱼的著名故事之所以得以记载，就是因为其过分残忍，足够引起反感。奥古斯都的干预也强调了君主之所以参与其中，不仅是为了提升奴隶的生活境遇，而是罗马君主有必要参与下属生活的方方面面，人们也期待君主为他们制定一套可接受的行为准则，并带头执行。

奴隶可能因为主人一时的暴脾气就被毒打一顿。哈德良用笔刺瞎奴隶眼睛的事相当骇人，值得后代们为之一记，因为这种行为与君主之道不符，但哈德良还是干出了这事。就连一个深思熟虑的君主在脾气暴躁时都会表现得如此冷酷，那么又有多少普通奴隶主会对奴隶下毒手呢？对罗马读者来说，这个故事更值得注意的是，那奴隶竟大胆地说哈德良再怎么补偿也没用。奴隶对自己的主人竟如此不尊重，这是罗马人想都不敢想的，尤其是主人还费尽心思弥补自己造成的损伤。读完这故事，人们会认为哈德良是在为自己的脾气失控而抱歉，不是为这种失控对奴隶造成的重伤抱歉，故事的着重点在于哈德良的性格，而不是奴隶的命运。

犯罪的奴隶会被发配到矿上、船舱厨房工作，或者被扔到圆形斗兽场喂野兽。古罗马人会认为这完全就是他们应得的。现代人可能以为他们会对这些送去喂狮子的可怜男女心生同情，但却找不到这方面的记载。罗马人似乎觉得奴隶活该得到惩罚，他们本来就没有价值，甚至连个奴隶都做不好。

奴隶逃跑是主人经常面临的问题。这意味着难免会损失一大笔金钱。在《阿斯特兰普苏克斯神谕集》(Oracles of Astrampsychus)一书①中，有一个问题就是奴隶主问道："我还会找到我逃跑的奴隶吗？"令人振奋的是，十个备选答案中大部分都是对逃跑者有利的。十条回答里面，有六条答案是找不到，有三条答案说可以，还有一条的答案说要过一段时间后才能找到。大概这就是很多奴隶想要逃跑的原因——成功率很高。要在广大的罗马帝国版图里找到一个奴隶，奴隶主所能动用的资源太少了，没有政治警察能帮主人追寻奴隶的行踪。只要奴隶能成功逃出他可能被认出来的附近范围，就能够像自由人一样在别处开始新生活。

奴隶安德鲁克里斯和狮子的故事其实是后人对一则《伊索寓言》的扩展。在该故事的罗马版本中②有一个有趣的点，就是奴隶讲述了自己逃跑的动机：他受到了不公正的非人对待。虽然这可能是一个虚构的故事（尽管作者声称这是他亲眼所见），但还是告诉我们，奴隶是怎样对自己的残酷境遇感到愤怒，并愿意冒生命危险来得到自由。关于这个故事

---

① 成书于公元3世纪左右的占卜书，收录了92条涵盖古罗马公民生活各方面的问题，每条提问下都有十条答案。读者找到书中与自己境况相似的提问，然后在脑中冥想一个数字，或是通过掷骰子得出数字，找到问题下对应的回答，以此得出结论。——译注
② 《伊索寓言》相传为古希腊奴隶伊索所著。——译注

的更多内容，见基思·布拉德利（Keith Bradley）《罗马奴隶制和社会》（Slavery and Society at Rome, pp. 107-108）。

维迪乌斯·波利欧的故事，见卡西乌斯·狄奥（Cassius Dio）的作品。波利欧的行为也受到了塞内加的批评，见其作品《论愤怒》（3.40）。奴隶被派到面粉磨坊受惩罚一事，见罗马讽刺作家阿普列乌斯的小说《金驴记》（The Golden Ass 9.12）。关于奴隶在矿中工作的可怕情形，见狄奥多罗斯·西库路斯（Diodorus Siculus）的作品。女奴隶主斯黛忒拉的故事，见查士丁尼《法典》（Code 3.36.5）。有关奴隶主在惩罚奴隶时自己也受伤的记载，见古罗马解剖学家盖伦（Galen）《心理疾病》（The Diseases of the Mind 4）。富有的奴隶主想要让他的线人把逃跑奴隶抓回来一事，见叙马库斯（Symmachus）①《书信集》（Letters 9.140）。奴隶有权利向神明或君主雕像申诉主人的罪行，见查士丁尼《法学阶梯》（Institutes 1.8.2）。

---

① 活跃于公元4—5世纪的古罗马政治家，后在政治斗争中丧生。——译注

第六章

——

滥用酷刑

第六章 滥用酷刑

我在上一章简单列出的惩罚措施，应该足以让你在家中维持纪律和权威。但是，总会有些时候，你的奴隶会牵涉到法律纠纷中。在这种情况下，奴隶不得不出庭做证，而且法律允许对奴隶使用酷刑以获得证据。这样做的原因再明显不过了。奴隶撒谎撒惯了，只有受些皮肉之苦才能让他们说出真相。唯一的要求就是，主人得愿意献出他们的奴隶去接受酷刑。奴隶不能做证反对他的主人，除非他的主人犯了叛国罪。

奴隶自己多半是没什么道德修养的，他们在恐惧压力下的极度懦弱就可以反映这一点。奴隶被酷刑折磨得哭哭啼啼，吓得够呛、什么都说的样子，真是可怜。即使如此，酷刑也还得继续，因为只有在折磨下说出的证据才可信。不然奴隶很可能会随便胡说，只求溜之大吉。这一做法之严谨和人性化可以在奴隶普里米蒂乌斯的例子中体现出来。普里米蒂乌斯非常想从主人身边逃离，便谎称自己杀了人，还供出了几名共犯。直到身处刑架上他才说出了真相——谋杀根本没发生。如果不是用了酷刑，普里米蒂乌斯可能就会被处决，而其他无辜的奴隶就会被发配到矿上去做苦力，他们守法的主人则会因此受到财产的损失。

在法庭上对奴隶动用酷刑非常常见，我听说过一个反对用酷刑虐待奴隶的案件。这是一起关于共有奴隶的案件。当事者是一个漂亮的奴隶女孩，她是属于两个男人的共同财产，但是这两人在商业上产生了纠纷和嫌隙，因此大打出手，其中一人受了重伤。受伤的那一方便把另一方告上了法庭，但被告却不同意对这女奴动用酷刑，他说自己爱上了她。原告却说，女奴是这件事的最佳人证，因为她是两个人平等拥有的财产，也亲眼见证了谁先挑起争斗，谁先动的手。他还说，此时被告自己的奴隶正主动要求接受酷刑的考验，可能就是想要说些不利于原告的证词而讨主人欢心。遗憾的是，我不记得后来发生了什么。

　　酷刑是层层递进的。最初级的刑罚，是奴隶双手被绑起来，用绳子吊着被鞭子抽打。有些鞭子还带金属或骨头做成的尖头，会让人皮开肉绽。接下来，奴隶会受到拉扯四肢的酷刑，他们要么被放在一个俗称"小马"的木刑架上，要么就是一个叫作"里尔琴弦"的刑具上，这两种刑架都会施加强力来缓慢拉扯奴隶的四肢，使之脱臼，最后把他大卸八块。有的酷刑会用两块大木头把腿夹断。再可怕的就是用火，滚烫的树脂、金属片、燃烧的火把都会用在奴隶身上，以逼问他说出法庭需要的证据。最后是铁钩，剃刀一样锋利的齿状刀片会划过奴隶的皮肉。所有这些酷刑都是在审判室内当众施行的。

　　不管这些方法多么奏效，你还是要注意确保奴隶不会死在审问期间。但是，我必须坦白，奴隶受不了折磨死去的事情时有发生。一旦得到了证据，我们也要牢记，奴隶是不能被完全信任的。会有一些奴隶没有说出实情，只说了一些废话以求让酷刑停下来。所以说，酷刑只能是最后动用的手段——当且仅当有人真的被怀疑犯下大罪，又没有其他渠道可获取证据时，才能用刑。

我说过，法律规定奴隶不能在没有得到允许的情况下供出对主人不利的证据。但是我们神圣的君主奥古斯都却开创了避免这一法律瑕疵的先例。他宣布，当审讯时出现这种两难的情况，当事奴隶就必须被迫卖给国库或者君主自己，这样，这个奴隶就不再属于他原来的主人了，也就可以照正常程序审问。不出意料，有人反对这种虚伪的买卖行为，他们说这是把法律当儿戏了；但也有人争辩说这种交易非常重要，不然在这一条款的庇护下，很多人会进行一些不易察觉的、反对君主的密谋，对国家稳定是长久的威胁。

谋杀主人的事在这儿必须特别说明。法律规定，如果主人被谋杀时，奴隶处在同一个屋檐下却没有做任何事情来帮助主人逃离被杀的命运，那么他们就会被严刑逼问，然后处决。道理很简单，如果连奴隶都不愿保护主人，不愿搭上自己的命去救主人，那么这一家的安全就无从保障，不论威胁是否就来自其他家庭成员。

有个法律术语我需要解释一下：什么叫"处在同一屋檐下"？是说在房子的围墙之内，还是要在同一个房间内？实际上，这一般是指"能听到谋杀发生的范围内"。如果奴隶离得够近能听到主人求救的呼喊,他们就能够帮忙。当然,总有人的声音比别人大,也有一些人的听力会更好,所以每个案件都要由法庭来合理裁决。还有,死去主人留下的遗嘱不能在审问还没完成时打开,否则若当事奴隶是受益人,便会被赐予自由身,这就让他们逃脱了法律要求施加的酷刑。

"被谋杀"一词,指的是所有死于暴力杀害的人,比如被绞死,被从高处扔下,或者是被尖利物体和其他类似的武器砸死。但是如果主人是被秘密毒死的,那这条法律就不适用,因为这条法律是要保证奴隶在主人极其需要的情况下施以援手。鉴于主人被秘密毒死时他们并不知道,就无法阻止此事(在这种情况下,就会有其他适用法条来制裁造成主人死亡的人)。但如果主人是被迫喝下毒药,那么这一条法律就适用。

主人自杀一样也不在适用之列,同一屋檐下的奴隶不会受到酷刑和处决。但如果主人自杀的时候奴隶就在一旁看着,本可以阻止他,那么法律就有效,奴隶就会被惩罚。如果他们确实无能为力,也会被赦免。

至高无上的君主哈德良曾下令,法律应该制裁那些和被害者同处一屋的人。他还说,对那些因为害怕自己被杀而没有救助主人的奴隶,就要不留情面。奴隶必须帮助主人,哪怕只是大声向别人求救。不过,君主也做了让步。他说,如果谋杀是在乡间庄园内发生,呼救声可能因为距离过远而听不到,那么,把主人房产内的所有奴隶都拉去受折磨和惩罚就很不公平。君主大发慈悲，他下令说，在这种情况下，只要审问主人被杀时在场的奴隶就够了，因为那人有可能就是杀死主人的凶手，而且可能还有共犯。如果主人是在旅途中被杀，碰巧只有他孤身一人，此条法律也不适用。此外，还没有到结婚年龄的奴隶男孩和奴隶女孩也不在遭受酷刑之列，因为他们太年轻了，算是情有可原。

可能会有人拒绝采用来自奴隶的证据，倒不是因为这是严刑逼问的产物（当然逼供是必要的一步，不能放过任何获得真相的机会），而是因为这证据是从道德低下的人口中所得的。当同时有来自自由民的证据时，这对比就尤其明显。不相信自由民的供述而去相信奴隶，显然大错特错，况且有些奴隶做了很多下三滥的事，而自由民却在努力以各种能力服务国家。

在过去，的确有一些主人会疯狂折磨奴隶来迫使他们说出所谓的真相。一次，一名叫作赛西亚的女人就试图编造证据，说她的儿子克鲁恩提乌斯谋杀了继父奥皮雅尼库斯。于是她用严刑拷打三个奴隶：斯塔拉托、阿斯科拉、尼库斯塔图斯。但是，他们都忍受住了酷刑。赛西亚不是个善罢甘休的女人，她再次动用了残忍的极刑，在场的证人都不忍直视。最后甚至连施刑的人都筋疲力尽。赛西亚大为震怒，她要求施刑者再加把力，但是其中有一个证人说出了心中的担忧,他担心接下来这审问与其说是在找寻真相,不如说是要让奴隶说谎。另外的证人也同意他的发言,然后都离场了。但赛西亚仍然继续逼问三个奴隶,到了最后,尼库斯塔图斯死于折磨,赛西亚割掉了斯塔拉托的舌头,把他手脚钉在十字架上,好让他无法指责自己。

在那个时期,赛西亚的确有权力折磨她的奴隶来找出真相。但是,既然我们伟大的君主决定要指导良好的主仆关系,她的残忍在今天已不再合法。我们可以看到,主人不会再无缘无故地杀掉奴隶。奴隶有权利向政务官求救,寻求庇护,以躲避残暴的主人。正如我们之前提到过,他们还可以在君主的雕像前避难。

最让人震惊的是,甚至连我们的某些君主也会对奴隶滥用酷刑,利用奴隶的屈打成招来诬陷他们的主人。所以,每当图密善①想要填满国家的金库和自己的口袋,就会把矛头对准那些特别有钱的人。当他不能保证自己的指控合法时,就会说这些富人犯了叛国罪,然后折磨这些人家中的奴隶(鉴于指控的罪行很严重,他动用酷刑便不需要征得主人允许),以坐实他们的主人正在进行反君主密谋。事实上,在大多数情况下图密善还犯不着用刑,他只要怂恿贿赂奴隶说

---

① 图密善(Domitian, 51—96),罗马帝国第十一位君主,以残暴独裁闻名,最后死于谋杀。——译注

出他们的主人的确犯下了叛国罪即可。图密善这么做，其实也说明他的道德水平没比奴隶高到哪里去。

— 评 述 —

今天的读者会觉得，在法庭审讯中对奴隶施加酷刑非常骇人听闻，但在古罗马人眼里，这实在太过平常。奴隶无足轻重，不过是人品低劣的撒谎精，酷刑只是一种让他们说实话的方法而已，既合情理，又公平。奴隶几乎没有任何法律权利，所以就算给他们最重的刑罚也没关系。而且正是由于他们社会地位低下，人们才要靠酷刑来确保奴隶所说属实。

罗马人的确也明白，在酷刑下得到的口供是不能轻易当真的。有足够的例子证实，奴隶会说谎来让自己免受酷刑。尽管有这些例子在，但在罗马人眼中，酷刑还是再好不过的逼供方法。此外，罗马人也不会随随便便就上刑。只有在犯罪调查的后期，罪行基本得到证实，却没有其他渠道能提供足够的替代证据来定罪时，才会采用这个方法。

法律对谋杀主人的惩罚非常严苛。一旦有奴隶杀死主人，所有在场的奴隶都会掉脑袋。这便引发了许多耐人寻味的法律纠纷，但同时，既然法律规定每个家中奴隶都对主人之死负有责任，奴隶便会乐于揭发家中别的奴隶的密谋，从而也能确保在主人遭受袭击时，其他奴隶会前去救助。杀死主人的案例在现存资料中很少见，我们不知该如何解释这一现象。一个可能的解释是，主人和奴隶的关系并不像我们想象的那样剑拔弩张。另外，也有可能是严苛的刑罚成功把那些奴隶吓到了，不敢对主人下手；还可能是现存资料中只记录了一小部分著名案例，而也许实际上杀死主人的案件更常见，尤其在非精英阶层中。

奴隶主曾经有权随意处置奴隶，包括给他们施加酷刑。赛西亚的故事表明，有些主人的行为很极端，于是这一事件因为稀有而被记录。君主要通过限制主人的权力来规范其行为，奴隶也因此有权对受到的虐待进行申诉。和其他有关奴隶的钦定宪法一样，这一条也不能解释为君主想要提升奴隶的境遇。只是随着君主逐渐参与到公民生活的方方面面，人们需要他给出指导，并就关于如何对待奴隶一事设置一些限制。

关于对奴隶施加酷刑的法律，见《学说汇纂》（Digest 48.18）。同样，关于在主人被谋杀时应该处决哪名奴隶的学术讨论，也出自同一本书（29.5）。在《学说汇纂》（18.1.42）和《狄奥多西法典》（Theodosian Code 9.12.1）中，可见到有关限制主人处决奴隶的权力的记载。奥古斯都想要避免"不能折磨奴隶来得到对主人不利的口供"的缺陷,见卡西乌斯·狄奥(Cassius Dio)作品。有关对奴隶施加酷刑,使其诬陷主人犯下叛国罪的细节,见《狄奥多西法典》(9.6)。因为爱上了女奴,奴隶主想要对她免除酷刑的故事,可见于利西阿斯(Lysias)的作品。赛西亚的故事则来自西塞罗的演说《为克劳提斯辩护》(*In Defence of Cluentius*)。

第七章

狂欢与作乐

第七章 狂欢与作乐

奴隶生来就得干活。只有干得卖力才能讨主人欢心，同时，他也必须时刻留意主人的家人和亲戚的需要。但是作为奴隶，他也不用总是挥汗如雨、日夜无休。奴隶们应该有休息时间，进行些愚蠢的娱乐活动。这一点你可得认真对待，哪怕只是为了维持奴隶们的精气神儿，好让他们有动力继续干活。否则，愁眉苦脸的奴隶只会毫无目的地磨洋工，逃避你分配给他们的工作，或者总是满腹牢骚。而农神节，则正是让他们放松自我的最好契机。

农神节的历史由来已久，初衷是为了庆祝农神萨图尔努斯统治下那个人人平等的黄金时代[1]。那时，天底下没有阶级，没有尊卑，人们尚不知奴隶和私有财产为何物，所有人都共享着世上的一切。

农神节自十二月十七日起，持续数日。在黄金时代，用一天来庆祝节日就足够了，而如今，在这贪图享乐、玩物丧志的时日里，人们过节也更为放纵。那几天人们真是兴奋到了极点，整个罗马都处于疯狂之中。农神庙里举办起盛大的宴会，"农神万岁"[2]的欢呼声响彻空中。所有人都得意忘形，四处作乐，甚至在街道和集市上唱着轻浮下流的歌曲。要在平时，这

---

[1] 古罗马神话中，众神之王朱庇特为了铲除对王位的威胁，将自己的父亲农神萨图尔努斯赶到亚平宁半岛。在萨图尔努斯的治理下，那里人人平等，物产充沛，因而那段时间被称为黄金时代。——译注
[2] 原文为拉丁语。——译注

可太不体面了，贵族要这么做就是荒唐透顶，至于穷人，那肯定也是疯了。宴会上淫乱的事情层出不穷，舞蹈也放荡恶俗。这也说明在我们的时代，人人都富足有余，不是只有贵族精英们才有资格在农神庙里大快朵颐。节日不仅是休闲的假期，整个世界在那时似乎都颠倒过来了！所有平时被认为是善良的品性都被抛诸脑后，此时，亵渎神灵、举止粗俗、肮脏不堪、酩酊大醉被当成了文明。剧院和露天竞技场里演出不断，街道上有游行，市集里有喜剧，一大伙的巡回演员、杂耍艺人，还有舞蛇者聚集在城市广场里。人们取笑城市官员，拿所有人开涮，连神明和君主也不放过，纷纷聚集在君主的雕像前咒骂嬉笑。

派对上，人们极力炫耀穿着，平时净色的托加长袍被五颜六色的束腰长袍取而代之。他们戴上释奴才戴的毡帽，象征职业和等级之间的界限不复存在，甚至连君主也这么做。人人都在互相交换礼物，而平时只有在同阶级的人之间才有这习俗。赌博也没人管了，就连一个最胆怯的家生奴隶也敢直视市政官的眼睛，在他面前明目张胆地晃骰子。在这个时候，奴隶直呼主人的名字也会被赦免，甚至在农神节的宴会上，你这个主人还要服侍奴隶。美酒源源不断，男人穿上女装，当晚还会选出一个"戏谑之王"①。大家让这个人戴

---

① 农神节上每个家庭和团体都会选出一名"戏谑之王"（the Saturnalicius princeps），通常是所有人中身份最低微的，那一天由他负责捉弄别人。——译注

上皇冠，穿上长袍，发布荒唐可笑的命令："像骑马一样骑在厨师的身上"或是"每个人喝三个指头高的酒"。

要不要参与这狂欢取决于你自己。我有一个朋友就是个彻底的闷罐子，狂欢正达顶峰，他自己却躲到一个安静的房间里，远离家中的噪音。餐厅里狂欢的人们大声叫嚷，整栋房子都被喧闹声震得嗡嗡作响。他说待在安静的房间里很舒服，这样自己就不会干涉他们作乐，奴隶们也不会感到拘束。最重要的是，他做研究也不会被打扰。

真是无聊！我觉得你最好和奴隶一起寻欢作乐。你会惊喜地发现，主人若是参与其中，会很容易在奴隶中获得好感。我和他们一样喝得醉醺醺，大声狂叫，和他们一起做游戏，扔骰子，一丝不挂地唱歌，拍手，摇摆肚子，把头先伸进冷水，再把脸埋到烟灰里。我这么做大家都乐坏了。

那几天真是彻底疯狂。在这个世界，所有社会的正常秩序都被掉转了：男人女人，主人奴隶，你所认知的一切都来到了对立面。奴隶们得以创造出一幅他们最渴望的图景：传统意义上的美变成了荒诞不经，一切水准都被拉到低谷。晚宴上，放屁声和咒骂声此起彼伏。奴隶们甚至互相比下流的手势，礼仪不复存在。他们还会朝你扔东西，所以你要保证他们手里拿的是最便宜的陶器。有些地方甚至用虐待动物来取乐。

你也千万别被吓到了，那几天随处可见做爱的人群。这一行为的确曾意味着人口的繁盛,但如今,那仅仅是年轻人放纵自身、发泄淫欲的契机。在大街上,你可以看到游行的人群情绪激昂,市集上,男人向女人频频做些不雅的暗示。夜幕来临,他们也不睡觉,笙歌不停,放肆狂舞,开最疯狂的玩笑。人群甚至在商业区闯入门店,撞开门大喊、咒骂,嘲弄遇见的每个人,让街坊难以入睡。有人对他们的行为和语言很恼火,但是其他人认为还不如加入他们一起哈哈大笑。当然,还没人会古板到要禁止这节日,即使最自律的人也会被这些滑稽可笑的行为逗得忍俊不禁。

游乐人群中每个人都玩得津津有味,捉弄起那些平日里要以礼相待的人很是开心。有时你甚至可以看到游行中有人打扮成神灵的样子,有时是萨堤洛斯①。他们一路走,一路夸张又可笑地搔首弄姿,一看就知道是在模仿取笑某个知名人物。我还在一个狂欢游行里看到有人扮成怪物,或是穿着动物皮。游行队伍里还有畸形的动物,生着两对乳房的牛犊和侏儒也在表演的行列。有些游行的表演非常恶心,让人受不了,因此有主人禁止家中奴隶参加游行,虽然我觉得这有点过分。

确实,有时节日的癫狂与荒诞会渗透到现实生活

---

① 萨堤洛斯(Satyrs),古希腊罗马神话中半人半兽的森林之神,长有公羊角,性喜作乐,耽于淫欲。——译注

中，滋生出反抗和骚乱，难免会让事态失控，但这样的倒霉事却总是无法避免。一想到农神节，我们就想到那个不由当局管控的疯狂世界。农神节上被选出来的那位"戏谑之王"也风光不了多久。在节日最后的仪式中，他会在一阵哄笑里被"杀死"。随后，人人平等的节日气氛也告一段落。

有人觉得节日的混乱会威胁到政权和社会的稳定，让报复社会的人有可乘之机，我觉得这只是单纯的休闲，只不过给了人们一个发泄口，不会真的改变什么。实际上，节日还恰恰从侧面反映，在一年的其余日子里，我们是多么需要遵守行为准则。一般来说人们也不会利用这一当口儿来对当局表达不满。在节日中，曾有个疯子拿起恺撒的皇冠戴上，然后立刻引起了众怒，被众人私刑处死。农神节通过暂时的僭越和放松，更强调了加强社会阶级的必要性。农神节可以让平时吵得不可开交的公民之间化解仇恨，解决家庭琐事，化解日常生活中建立起的紧张气氛，社会也由此会更好地运作。通过农神节，我们可以看到如果没有准则，生活会变得怎样荒唐和一团糟。如果觉得节日就意味着日常生活，那真是盲目乐观了，比如因为节日中有人男扮女装，就以为日常生活中女人可以跻身政界。不，农神节告诉我们所有人包括奴隶，企图改变现有秩序是多么愚蠢，也绝不可能，因为结果将带来一片混乱。

节日结束后的第一天，重中之重就是要保证那疯狂的气氛绝不能持续。我建议你第二天早上换上一副最严厉的面容。这时你可以拿一个还沉浸在节日中没回过神的奴隶杀鸡儆猴，最好是前一天冒犯你最狠的那个。

然而，一旦生活恢复了正轨，还请你尽可能地善待奴隶，维持你适当的权威和地位。我会对我乡下庄园的奴隶亲切有加，前提是他们表现得体。经我多年观察，只要主人对他们友善，饱受折磨的奴隶就会感觉好受得多。有时我会和他们打趣，偶尔甚至会允许他们随意说笑。但我不建议你用这个态度对待城中的奴隶，他们过得舒服得多，你只要继续保持亲和就行，过分亲密只会滋生奴隶对你的轻视，这会有损你的权威。

在奴隶中，我只对我儿时的家庭教师例外。他还健在，大概已年逾古稀。是他抚养我成人，尽管我是个自由民，他是奴隶，可我还是对他凶不起来。他一直都记得我儿时的那些趣事，比如我曾冒着被藤条打的危险逃课。我想到这世上最伟大的征服者亚历山大也曾被奴隶训斥过。亚历山大小时候，有一次把一大堆香料堆在祭坛上敬神，他的教师莱奥尼德说，要是像他这样铺张地祭拜神明，将来只有征服生产乳香的国家才够他用。后来当亚历山大真的征服了阿拉伯半岛，他用一艘船装满香料运给莱奥尼德，让他大方地拿去焚香祭拜神明。

回归正轨后，奴隶休憩照常，我允许他们在晚饭后休息两小时，还会发放一点点酒来平息他们的抱怨和争执。

我建议你禁止奴隶参与那些奴隶社团。虽然这些社团名义上是丧葬互助团，唯一目的是让奴隶们互相提供钱财为对方准备体面的葬礼，但是请你记住，这会大大搅扰城镇的安宁。不论我们如何定义这社团，不论当初为何创立，它最终都会带有政治目的。就算见面时间有限，奴隶们也会借机商谈暴动事宜。

你也千万不能让城中奴隶养成去市中心闲逛的习惯。他们会因此懒散成性，瞌睡不停。他们这样到处晃悠，出没于战神广场、竞技场、剧院、赌场，在酒吧和客栈烂醉如泥，在妓院里沉溺堕落。就算你后来强迫他们改邪归正，这些家伙的脑子里也永远是那些破事儿。

— 评　述 —

正如古代奴隶制度呈现出各个不同的层面，奴隶在现实中的境遇也各不相同，这取决于他们从事什么样的工作。在城市中，家庭奴隶大多并不像乡下奴隶那样辛苦，还会有更多休息和娱乐的机会。比起乡下，城里有更多能满足享乐之欲的诱惑。集体劳动的乡下奴隶会被铁链拴住,而相比之下,城里的奴隶就幸福多了。主人对城里奴隶的看管并不严,所以他们也更容易偷懒,虽然这是不允许的。在田间挥汗如雨的奴隶最需要休整,但能不能偷闲半日却要看主人的态度。有一些主人并不在意往死里剥削他的奴隶,尤其是在取得大规模胜利后,俘房众多、奴隶数量上升的时期,此时奴隶价格很低,一些主人可以毫不在乎地滥用他们。不过这在罗马并不是常态,大部分时间里,奴隶对主人来说仍是一笔重大投资。奴隶成为贵重财产也意味着大多数主人会确保乡下奴隶得到足够的休息,来让他们从劳作中恢复,为第二天的劳动做准备。

农神节是一年一度的盛大狂欢,在节日期间,奴隶们的自由度得到了极大提升。家庭奴隶大概是最大的受益者,因为他们和主人及其家人的关系最为密切,可能会在节日里得到丰厚的物质奖励,这是他们一年来劳作的犒劳。有很多古代文献提到了农神节,说那几天有多么热闹,听起来有点儿像天主教的狂欢节[1],实际又是怎样不得而知。小普林尼说他一般在节日期间会藏在书房里,远离喧闹的派对,以确保不会倒大家的胃口,很多大家庭中可能

---

[1] 狂欢节,Mardi Gras,源自法语,直译为"油腻星期二",是天主教斋戒期四旬节前最后一个大吃大喝的日子,过了这一天便要开始长达一个多月的斋戒,为复活节做准备。——译注

都是这个情况,奴隶在主人面前说话会感到拘谨,角色对调让主人站在饭桌旁伺候自己,对奴隶来说也很受罪。但我们不知道奴隶主远离狂欢是否普遍,因为小普林尼也不是一般的奴隶主,他很有钱,也是一名学者,向来就不喜世俗的娱乐,毕竟在很多方面,罗马仍是一个相当淳朴的前工业社会,庆祝节日时也会格外野蛮。至于在乡下的奴隶,节日里最好的情况就只是分到多一点的口粮和够喝的葡萄酒而已。

不管农神节的活动如何出格,最后都会回到正轨。只有极少数情况下节日的狂热局面会失控,导致骚乱和爆发低层次人群的不满。奴隶当然不会利用这短暂的放松时刻来用暴力达到他们的目的。

有关农神节庆典的史料,散见于马提亚尔(Martial)《警句讽刺集》(*Epigrams* 14.1)、塞内加《书信集》(18)、琉善《农神节》(*Saturnalia*)、奥古斯丁《布道书》(*Sermon* 198.1)、塔西佗《编年史》(*Annals* 13.15)、爱比克泰德《金玉良言》(*Discourses* 1.25.8)和里巴尼尤斯《演说集》(*Oration* 9.5-6)。关于扫兴者小普林尼强迫自己躲到安静房间内,远离家中喧嚣一事,见其著作《书信集》(*Letters* 2.17.24)。有关农神节和低层次人群娱乐的漫谈,见鄙人作品《古罗马流行文化》第三章(*Popular Culture in Ancient Rome*, Chapter 3)。

第八章

牢记斯巴达克斯

"有多少奴隶，就会有多少敌人。"

作为一个奴隶主，你必须把这句古老的箴言铭记于心，尽管与奴隶为敌的正是我们自己。之所以这么说，是因为无论奴隶表现得多么值得信赖和忠心耿耿，一旦有机会重获自由，他们几乎都会揭竿而起。要是你给了他们这机会，他们就会不惜一切地抓住。那样你就输定了。

我们社会庞大的奴隶群体就是一座活火山，像维苏威火山一样随时准备爆发，摧毁我们伟大的罗马文明。他们并不总是那么温顺，而且对于在我们手中受到的挫败和耻辱，奴隶们心怀怨恨。所以当你发现奴隶挑战你的权威时，不必感到惊讶。这些行为中，有一些确实很严重，可以威胁到你的生命，而有一些则微不足道，只会让你生一肚子气。我在这里为你列出几个潜在的风险，你要有所警惕。

老天仁慈，奴隶造反还算少的，但是依然非常吓人。第一次奴隶暴动就发生在罗马和迦太基的第二次布匿战争之后不久，整个罗马被常年的战乱拖耗，疲惫不堪。在罗马取得最终胜利后，我们拥有了大批来自意大利和西西里的奴隶，即将被卖到奴隶主手里。最危险的一点大概就是这些奴隶来自相同的民族，沟通轻而易举，也便于互相煽动，密谋造反。即便如此，如果他们是群龙无首的乌合之众，那倒也掀不起多大风浪，但是，他们之前的军事首领也在被俘之列，所以一旦有机会就会带头叛乱。

很少有内战像西西里奴隶暴动[①]这样惨烈，城市沦为废墟，无数的人死去，妇女和儿童的命运最为凄惨，几乎整个岛屿都毁于逃跑的奴隶之手。这些暴徒只想摧毁这地方，而且专门针对自由民，似乎是想就他们所受到的奴役复仇。大多数居民被这叛变吓得魂飞魄散，但是，只消看一眼这背后的故事，就知道叛乱的发生不是没有原因。西西里岛上富庶繁华，居民饱尝丰盛物产为他们带来的便利，人们也因此变得更加富有与狂傲，更加挥霍无度。于是，他们对奴隶的态度越来越差，这让奴隶们对他们的主人心生怨气。同时，大地主又购买了一大批奴隶到庄园中做事。一些奴隶被铁链锁住，很多人被迫从事艰苦的工作，不堪重压。所有人的前额都被打上了象征耻辱的烙印。

这么多的奴隶如洪水般涌入西西里，说出来人们都不相信，还认为这一定有夸张的成分。大地主们越发傲慢自大，甚至不给放牧的奴隶食物，叫他们到别处去偷。这些奴隶因为缺少食物，被迫开始抢劫，类似的罪行开始在岛上滋生。

一开始，奴隶只袭击独自或三三两两旅行的人，在偏远地区尤其猖狂。接着，他们三五成群在午夜袭

[①] 此处指的是爆发于公元前137年的第一次西西里奴隶起义，公元前104年爆发了第二次。——译注

击农庄，抢掠物资，谁要是反抗就统统杀死。再后来，奴隶们的胆子越来越肥，西西里治安更加混乱，甚至在城外居住也不再安全。暴力、抢劫和谋杀像毒瘤一样侵蚀此地。这些作乱的牧人早已习惯带着武器睡在野外，一个个和士兵没什么两样，大量的牛奶和肉类消磨着他们头脑和身体中的人性，让他们变得如同野兽。整个岛屿上满是分散于各处的、充满兽性的武装奴隶。执政者想要控制住这局面，但他们也是靠大地主吃饭，不敢动奴隶一丝一毫，只能对西西里行省大肆抢掠的行为睁一只眼闭一只眼。

同时，耕地的奴隶也正被迫进行超负荷的工作，经常遭到不公正的羞辱和鞭打，身心俱疲。最后他们忍无可忍，找了个机会聚在一起商讨如何叛乱，由他们中原本的军官来制定细节计划。不过，这群奴隶的头儿却和他们不是同族——这是一个来自阿帕梅亚的叙利亚人，曾是个魔术师，可以表演许多绝活儿。他假装可以预知未来，声称自己在熟睡之时能与天神说话。他演技出色，成功地使很多人信服。他甚至说在醒着的时候，自己也具有看到神的能力，天神会告诉他一切将要发生的事。

这个叙利亚人走运得很，他编造的大部分预言都成真了，因此声名远播，在岛上得到了广泛的认可。后来他入戏颇深，还能在出神之时从嘴里喷出火焰，说出神启之言。他其实耍了个把戏，在胡桃上钻个小孔,往里面放上火种和燃料,然后把胡桃放在嘴里,说话时就有火焰喷出来。

在叛乱开始前,他声称有叙利亚的女神向他显灵,说他将成为一国之主。当叛乱队伍占领上风,他的预言成真了。他真的成了头领,领导着成千上万对恶主人满怀怨恨的奴隶,拼了命要摧毁他们。

然而,和斯巴达克斯领导的大规模起义比起来,这还远远不值一提。斯巴达克斯领导下的奴隶并不想建立王国,只是想回到自己偏远的北方部落。和西西里岛的叛乱一样,这一次也是奴隶主的残忍点燃了起义的星星之火。

一开始,一名叫作图鲁斯·巴蒂亚图斯的人在卡普亚养了一些奴隶,准备训练他们为角斗士,其中有很多人来自凯尔特和色雷斯。之所以被迫成为角斗士,并不是因为他们做错了什么,而是为了满足当地贵族喜好角斗的趣味。角斗士中有两百人打算逃跑,但有人告了密,于是主人加强了防卫,只有七十八个人成功逃了出去。他们从厨房里抄起斧头和叉子,从被关押的栅栏中杀出一条血路。逃出不久,就遇上了一辆刚好要把角斗士的盔甲和武器运到另一个城市的车子,他们便劫了这些武器武装自己。

他们中有一个叫斯巴达克斯的奴隶成了领袖。他来自色雷斯的游牧部落,不仅勇敢强壮,也很有头脑,比一般生而为奴的人要文明得多,你还会误以为他是个希腊人。据传说，当斯巴达克斯被带到罗马卖给奴隶主时，熟睡的时候有一条蛇盘上了他的脸颊，他的妻子是名女预言家，和他来自同一个部落，说这预示着他将手握强权。斯巴达克斯带着逃亡者来到维苏威山顶，在那儿建立起了叛乱据点。他把战利品平等分给所有人，在人群中得到了更广泛的支持，他的名声也吸引了附近奴隶的不断加入。

奴隶大军的第一次战役是对抗来自卡普亚的小规模兵力。叛乱者轻而易举打败了罗马士兵，并抢走了武器。他们在乡间游荡，越来越多的奴隶重燃起自由和回家的希望，纷纷加入队伍。随着队伍的壮大，罗马派来了法务官克洛狄乌斯，他带着三千人马前来镇压。罗马军队赶上了斯巴达克斯的队伍，把他们围堵在维苏威山顶，通向山顶的唯一一条狭窄难走的小路由克洛狄乌斯重兵把守。周围都是峭壁悬崖，无处落脚，但是奴隶们用山顶生长的野生藤蔓编成梯子爬下峭壁，随后包围了罗马军队，后者还没反应过来就被打得落花流水。这次偷袭让罗马军队阵脚大乱，惊慌逃窜。

第二位被派来剿灭他们的将领是法务官普利乌斯·维利纳斯。斯巴达克斯先打败了普利乌斯的副官弗里乌斯的两千人马，然后重挫了另一名副官卡西努斯，让其伤亡惨重，还缴获了对方更多的武器。普利乌斯将军自己最后不得不屈尊正面迎战斯巴达克斯，但几次交战后也败下阵来。每次胜利后,斯巴达克斯都会把不需要的武器烧掉,杀死所有的战俘,屠杀一大群动物,这样他的军队就不会负担过重。

我之前说过,斯巴达克斯是个聪明人。他从来不认为自己可以摧毁罗马,尽管他当时的队伍已达到了七万人之多。他知道,再这样打下去结果一定是要么失败要么死,唯一的希望就是跑出罗马领土。所以,他带着军队向北朝阿尔卑斯山脉走,跨过山脉奴隶们就可以回到各自的故乡:色雷斯、高卢、日耳曼。然而他的军队却沉浸在胜利中,战利品让他们迷失了自我。叛乱队伍的骄傲与过分自信就像他们的人数一样,与日俱增。他们认为自己是无法战胜的,拒绝听从领袖,还在意大利到处惹是生非。

元老院现在关心的倒不是叛乱给他们丢脸,而是这场叛乱所造成的人心惶惶。他们把两名执政官都派了过去,这是在棘手的大战中才会有的做法。其中一位执政官叫格里乌斯,迎战斯巴达克斯的日耳曼军团,后者正在贪心地到处搜寻战利品,结果被彻底打败。另一位执政官图鲁斯率领军队包围了斯巴达克斯的奴隶军,但是后者再次赢得了战争。在斯巴达克斯挺进阿尔卑斯山脉时,山南高卢总督卡西乌斯带领一万人前去攻打,罗马又一次败在了斯巴达克斯手里。

元老院越来越恼怒。一开始他们还在嘲笑敌人,觉得只是些角斗士和奴隶在兴风作浪,但是这战争已经持续了三年，危害愈深。他们召回了执政官，任命罗马首富克拉苏①执掌军队。他让副官穆米乌斯率领两个军团至后方包围斯巴达克斯，并严厉警告他们不要主动挑起战争。但是穆米乌斯却没忍住不动手，心想交战对手不过就是一群奴隶，然而和前面的诸位一样，他遭遇了奇耻大败。罗马士兵伤亡惨重，穆米乌斯军团的人只能丢下武器逃命。克拉苏重整军队时要士兵庄严发誓，不会再丢掉武器送给敌人，因为武器是斯巴达克斯叛乱赖以生存的鲜血。为整肃纪律，克拉苏动用了古老的"十一抽杀律"②。他把最懦弱的第一批逃兵共五百人分成十人一组，每组抽签选出一人，由其他九个人一起乱棍打死。兵团由此意识到，比起斯巴达克斯，他们更害怕的人是克拉苏。

重振了士气之后，克拉苏便统帅军团攻打斯巴达克斯，但是斯巴达克斯撤退了。他想要到对岸的西西里岛去，相信在那儿能得到更多奴隶的支持，但他却找不到可以征用的船只，最终被围困在意大利南部。克拉苏切断了斯巴达克斯的后路，修建起一堵垒墙挡

---

① 马库斯·李锡尼·克拉苏（Marcus Licinius Crassus，前115—前53），古罗马军事家、奴隶商人，带军队平定斯巴达克斯叛乱。——译注

② Decimation，即古罗马军队中，士兵发生大规模叛乱或逃跑时采取的严酷刑法。将犯罪士兵分为十人一组，中签者将会被其他人用石头砸死。幸存者也无法在军营中留宿，随军口粮降为牲畜食用的大麦。目的是用恐惧震慑士兵，重整军纪。——译注

住叛军，斯巴达克斯无法逃跑，也拿不到供给。修墙的任务十分艰巨，但是很快，一条横穿半岛南部，长约三百斯塔德①、宽15英尺（约4.5米）、深15英尺的沟渠就挖好了，沟渠后垒起一堵高大而坚固的防御墙。

一开始斯巴达克斯并不担心，但是一旦无法出去掠夺食物，供给也随之阻断，他的奴隶军变得焦躁不安。斯巴达克斯明白，他们必须要突围了。等到一个寒冬的暴风雪之夜，大雪纷飞，他用泥土和树枝填上沟渠，带领三分之一的兵力逃了出去。在逃跑之前，斯巴达克斯在两军营地之间的空地用十字架钉死了一名罗马战俘，并告诉所有人，如果他们被打败，也是这个下场。

克拉苏决定先攻打与斯巴达克斯主力分散的奴隶军。他派出六千人的军团，在这场可怕的战斗中，有一万两千名奴隶战死，战争相当惨烈，只有两个奴隶背部受伤侥幸存活，其他都死在了罗马人手里。他们对主人的恨是如此强烈，就算死战到底也不会逃跑。

斯巴达克斯自己带领的兵力虽然打赢了克拉苏的副官，但这胜利却吹响了他末日的号角。这场胜利让奴隶太过自信，他们拒绝听从命令，急于和罗马人战斗，完全不再想要逃出意大利。他们逼着斯巴达克斯

---

①Stade，古希腊、罗马的长度单位，1斯塔德的长度固定为当时体育场跑道一圈的周长，该周长在不同时期和地区都略有不同，范围在157米到200米之间。——译注

迎战克拉苏，还开始主动袭击罗马人的营地，越来越多的人倒下，又是一场血战。

斯巴达克斯别无选择，只能发起冲锋。他在混乱中朝克拉苏冲去，但是还没有接近就已身受重伤。他的手下转头就跑，只有他站在那里，孤立无援，被士兵团团围住。他拒绝被捕，随后被处死，剩下的人队形大乱，惨遭屠杀。被杀死的人难以计数，斯巴达克斯的尸体也再无法找到。几次收尾战之后，约有六千名奴隶被捕，其他的都已战死。沿着卡普亚到罗马的路上树满了十字架，上面都是被钉死的俘虏。克拉苏却并不能以此邀功，因为他只打败了一群奴隶，不仅没什么光彩，还会自贬身份。

正是得益于我们对于早期叛乱的强力镇压，数十年来奴隶动乱才没有卷土重来。不过，奴隶们还会时不时发生小规模的叛乱。最常见的就是一群声称拥有神秘力量的人，煽动欺骗奴隶跟随他们起义，或是一群不受管束的牧人抢劫当地的城镇和农庄。不管什么原因，这些骚乱还是在我们奴隶主中间搅起了很大的不安，我们夜晚难以安眠，害怕有一天也会成为被偷袭的目标。

在奥古斯都统治时期，意大利就发生了这样一起动乱。提达斯·库尔提斯曾经在近卫队服役，他四处煽动乡下的奴隶，尤其是偏远牧场的牧人为自己争取自由。他先是在布林迪西和附近的城镇召开秘密集会，然后公然向牧人分发宣传册。碰巧有三艘我们的海军船只停靠在港口，负责监管畜牧的财务官也在城中。他组织船上的水手镇压动乱，成功将其在刚成气候时迅速剿灭。尽管威胁已经解除，君主还是派遣了一大群兵力把动乱的领袖押回罗马接受惩罚。罗马已经笼罩在一片恐慌中，家奴的数量一直在增加，但自由人口却在一步步缩减，人们都很担心奴隶会有所动作。

还有一次，在赛普提米乌斯·塞维鲁①时期，整个意大利被布拉·菲利克斯那声势浩大的强盗集团弄得人心不宁。我不确定这个布拉是奴隶还是别的什么身份，他组织了一个六百人的强盗团伙。两年间，他们在意大利，在君主和士兵眼皮底下到处抢掠。尽管很多人被派去对付他，但是他从来不在该在的地方，也从来找不到他、抓不到他，因为他不仅聪明，还毫不吝惜金钱地去贿赂线人。他知道谁将从罗马出发到达布林迪西、是什么身份、随行多少人、带了什么货品。对于大多数被抢的人，布拉仅仅会拿走他们货物的一部分，然后赶快放他们离去。至于被抢掠的工匠，他则会关押几天，让他们干活，然后还给一点报酬再放他们走。

有一次，布拉团伙中有两人被抓住了，被判刑喂

---

① 赛普提米乌斯·塞维鲁（Septimius Severus），公元193年至211年任罗马皇帝。——译注

给野兽。布拉便假装成当地总督,拜访了牢房的看守,说他要找一些被判刑的人去做脏活累活,狱卒就把这两个人交给了布拉。还有一回,他乔装打扮来到正到处搜捕他的百夫长面前,向百夫长保证说自己会告诉他布拉在哪里藏身,只要跟着走就行。百夫长听信了他的话,便被布拉带到一个偏僻荒芜的山谷中,被团伙的人抓个正着。当天晚上,布拉又伪装成政务官把百夫长叫来,命令人把他的头发剃光,然后告诉他:"把这句话带给你的上司:'好好喂饱你的奴隶,他们就不用当强盗了。'"

实际上,布拉的团伙里有一大部分都是皇家释奴,他们入伙不是因为没给够工钱,就是因为压根得不到工钱。你看,就算是君主有时也没尽到对奴隶的责任。当得知这一系列发生的事后,君主大为恼火,尤其想到他在遥远的不列颠赢得了伟大战争,却无法解决意大利的一群毛贼。最终,他派了一名窄带军政官①带领大批骑兵去镇压强盗,他警告军政官,如果他空手回来,就会酷刑伺候。军政官后来发现布拉与另一人的妻子有染,便通过这个女子的丈夫说服那女子帮助他们。作为答谢,这名女子将不会在布拉被捕后遭受指控。就这样,他们抓到了还在山洞中睡觉的布拉。

---

① 窄带军政官(military tribune),又名军事保民官,是罗马陆军中较低级的军官,地位低于司令官而高于百夫长,因授予其佩戴在衣着上的条状布较窄而得名。——译注

布拉被带到禁军长官帕皮尼安的面前，帕皮尼安问他："你为什么要当强盗？"布拉却反问他："你又为什么要当长官？"后来，布拉被判处喂给竞技场中的野兽，他的六百人团伙也如一盘散沙轰然瓦解。

谢天谢地，奴隶叛乱的情况还算是少见的。我们可以从这些叛乱中学到的教训是，我们主人没有尽到职责，才让奴隶们遭受饥饿，被暴力对待。奴隶别无选择，只有被迫采取行动提升地位。我怀疑过去总有奴隶动乱发生，原因可能是我们罗马伟大的胜利让奴隶价格贱如橄榄。如果奴隶价格很低，那主人又有什么动力去关心奴隶？但是现在，各地奴隶价格都很昂贵，所以主人也会更加珍惜他们，接纳他们成为家庭一员。

虽然奴隶们聚众叛乱的风险逐渐降低，但你还是要警惕被自己的奴隶谋杀。让我来给你讲讲罗马城行政长官裴达纽斯·塞坎达斯（公元60—61年在任）的故事，他这样有权势的人也死于奴隶之手。我不清楚为什么这奴隶要死命报复他，可能是裴达纽斯在解放这名奴隶的事情上反悔，也可能是那奴隶爱上了他的男宠，不想与之分享男宠的爱。不管什么原因，那奴隶杀了裴达纽斯，所以根据法律，所有裴达纽斯的奴隶都要被处死，因为他们没能救主。奴隶中肯定有人知道些内情，或者怀疑过那动手的奴隶，本该对谋杀加以阻止。

裴达纽斯相当富有，一共养了四百名奴隶。听到这一大群的奴隶将要被处决，罗马人都蜂拥至街上抗议，甚至包围了元老院。尽管一些元老反对大规模处决，说这样太不近人情，但大多数元老还是坚持法律不可动摇，如果裴达纽斯这样地位的人都可以任由奴隶背叛而死于其手，那其他人的安全又怎么能够保障呢，除非用血的教训让奴隶们知道，如果不保护主人，他们也活不长。毫无疑问，这次处决将有很多无辜的生命死去，但是在所有伟大的案例中，多少都存在一些不公平，而从某种程度来讲，整个社会因此得到的福祉却能够补偿这不公平。

很多元老还是不同意，他们说这其中有许多奴隶正值少年，有的还是女人，要把他们全部杀死实在没有人性。但是理智占了上风，支持处决的一方胜出。人群出离愤怒，要阻止死刑的执行，最后君主不得不派驻军队站在奴隶走向刑场的沿线。一个格外保守的元老甚至建议裴达纽斯曾经的奴隶，也就是如今的释奴也应该被逐出意大利，但是君主否决了这一建议，以防过度的残忍会加重戾气，否则之后再仁慈的做法也无法安抚。

还有一个谋杀主人的例子也值得你铭记——前裁判官拉提乌斯·马赛多也遭到了奴隶的残忍对待。的确，他是个傲慢又暴戾的主人，可能有一部分原因是他自己的父亲就曾是个奴隶，他想要把这个耻辱的印记从记忆里赶出去。有一天,他在别墅里洗澡,突然被一群奴隶团团围住,其中一个人扼住他的喉咙,另外的奴隶朝他脸上猛打了一拳,接着,雨点般的拳头落在他的胸上、肚子上,还有下体上。当看到他失去意识后,奴隶就把他扔到滚烫的地板上,想看他是不是还活着。马赛多躺在那儿,一动不动,不知是晕过去了还是装死。不管怎样,奴隶们以为他死了。

所以,奴隶们把马赛多扛出了浴室,假装是他们几个发现了中暑晕过去的主人。几个马赛多信任的奴隶和情妇接过他的身子,一片哭声哀号,以为他已经死了。但是,这声音让他醒了过来,浴室外的新鲜空气也让他恢复了意识。他眨了眨眼睛,动了动四肢,所有人都发现他还活着。打他的奴隶见主人醒来,明白他们所做的一切都已经昭然若揭,跑得一个都不剩。大部分奴隶最后都被抓了回来,而马赛多自己却痛苦地撑了几日,最后也死了。至少,他死前得到了安慰——看到所有参与此事的奴隶都被抓住,受了酷刑然后被处死。

由此可见,我们主人是何等的危险。要是你不好好对待奴隶,这风险还会增加。就算你对待奴隶宽容有加,彬彬有礼,也不能指望自己能够高枕无忧。并不是所有被奴隶杀死的主人都是罪有应得,很多人仅仅是邪恶奴隶的受害者,而且这些奴隶还会犯下更多的罪行。

就算不至于杀你，坏奴隶还是会带来巨大的危害。在对抗汉尼拔的一场战争中，罗马城中爆发了支持迦太基人的恐怖袭击。有人针对集会广场、附近商铺、监狱，还有民房等区域纵火。维斯塔①神庙也着了火，被附近的十三个奴隶千辛万苦救下，用水扑灭火焰。作为奖赏，他们都被赐予自由。但火势相当凶猛，各处都爆发恶意纵火。所以元老院宣布，如果有人能够提供暴徒的信息，若是自由民将得到一笔赏钱，若是奴隶将得到自由。重赏之下，一名来自坎帕尼亚贵族家中，叫作马纽斯的奴隶供出了他的主人。这家的男女主人都被弗维乌斯（罗马与汉尼拔战争中的司令官）砍了头，家中的五个儿子，如奴隶所说，因此放火报复罗马，帮助汉尼拔。他还说，这些人正在谋划更多的暴力事件。

被捕后，儿子们一开始否认奴隶的证词，说这奴隶于前一天受到鞭打后出逃，如今举报主人只是存心报复。但是，当和广场纵火的共犯一起审问时，他们都认罪了。最终暴徒都被处决，马纽斯也恢复了自由，并得到了将近1万赛斯特斯的奖励。显然，在这里我们应该高兴，罗马的敌人被勇敢的奴隶揭发，但是你应该明白，如果对家庭不满，奴隶也会站出来举报你，让你难堪还算是好的，更糟的还会让你陷入危险。

---

① 维斯塔（Vesta），古罗马神话中的灶神，家庭女神。——译注

你还应该了解，大部分奴隶不会像斯巴达克斯那样有勇气反抗被奴役的命运，但他们会用别的方式对抗你。在日常生活中，他们有的是法子在你面前耍小聪明。从你蓄奴那天起，每一天都要心存警惕和奴隶斗智斗勇。他们会编谎话，只要8赛斯特斯的东西骗你要10赛斯特斯，通过这种方式搜刮零钱。他们会装病来推托干活，发出痛苦的呻吟，让你觉得要是这家伙如果能康复简直是奇迹发生，而一切都只是为了逃避任务。他们会站在厨房的烤箱边，被热气蒸得浑身大汗，再一瘸一拐走到你面前，像发烧得快要晕过去。

在乡下，你的庄园奴隶会告诉你他们播下了多少种子，但那数量远大于实际。他们会从你的粮仓里偷东西补贴家用，他们伪造账册，说收成并不像你想象得那样好，然后把多出来的粮食在当地集市上卖掉。或者只是给你磨洋工，该工作的时候到处乱转，一件事要干一两个小时，甚至一天。要是你抱怨，他们会以神的名义发誓说这事比你想得难多了，他们已经做到最好了。如果你不留个心眼，就会相信他们的谎言，然后过不了多久，所有农场的活都要两倍的时间来完成了。这就是奴隶的诡计，他们一直在挑战你的底线，试探如何蒙混过关。如果你不注意，他们会慢慢蚕食掉你的权威，直到威信完全被吞噬，最后连奴隶都看不起你。

懒惰又贪睡的城里家奴会溜进城镇，在酒吧闲逛，在街角看马车赛、赌博，或者去澡堂里用你的钱泡澡和享受蒸汽浴，与来自其他家庭的奴隶朋友坐在一起聊天，和女奴调情。你问他们去哪儿了，他们会说街上太挤了，有很多人排队，或者就只是干瞪眼，假装傻兮兮地不明白你在说什么。

不过，很多奴隶并不像他们表现得那么傻。你应该读读聪明奴隶伊索的故事，他总比主人在智力上更胜一筹，因为他每一句话都按字面意思来理解：

"你出生在哪儿？"他的主人问道。

"在我母亲的肚子里。"伊索回答。

"不，我指的是你出生在什么地方？"主人再次问道。

"我母亲可没有告诉我她生我的时候在卧室还是餐厅。"

所以你要铭记一句老话："一个聪明的奴隶会和你平分权威。"这话的意思很明显，如果你不打起一万分的小心，你家里的奴隶就会对你指手画脚。

在面对稍微有点危险的工作时，奴隶会表现得格外胆小，想要激起你的同情心。蓄奴最恼火的事就是他们总是眼含泪花来到你面前，祈求你原谅他们，或者不要让他们来干这事。你可以硬下心肠，但面对那些一直表现良好的奴隶，有时候又不得不让步。你还必须小心这些家奴，他们的手段厉害得很，在你的汤里吐痰，把你的书藏起来故意气你。这种事我也遇到一次，他们假装摔倒，想把调料倒在我头上。我向你保证，我可不会被那老掉牙的诡计玩弄。奴隶逃跑时还会顺走你的财产，把他们抓回来却麻烦又浪费时间，而且就算找回来了，他仍是一个不想取悦你的奴隶。

你记好，奴隶就是粗鲁、碎嘴、懒惰、爱撒谎、不择手段。很少有奴隶会像你想的那样忠诚、勤劳、节俭。少数人会因为害怕你而听从你，对你一心一意，但大部分的奴隶却厌烦工作，也不值得信赖，把时间都花在躲避你的监管上。他们在你睡觉的时候开派对，你还会奇怪，为什么所有女奴都突然怀孕了。

如果你管得太严，他们就会说你的坏话，还会在背后把你的事告诉别人的家奴。比起偷你最好的费乐纳斯酒，他们更乐意八卦主人的秘密，然后你的朋友就会在晚宴上毫不留情地问起你虐待奴隶的行为。这些都是奴隶故意的，他们想要让你的态度有所改变。知道你不愿意在朋友那里被认为是个残忍不公正的人，没有人想要这样的名声。

所以，要在对待家奴的问题上三思，当你想竞选政务官时尤其要慎重，极具破坏性的闲言碎语会从家中泄露出去。比如，你管理食物配给井井有条，而外面会有人说你是个铁公鸡。实际上，我觉得竞选时最重要的还是要记得住人名，包括奴隶的名字在内。没有比这更能收集人气、讨人欢心的了。

当然，没有奴隶会当你的面说这些。他们太胆小了,如果他们确实想和你说些什么,就会用寓言的方式。其实,寓言的发明就是因为奴隶害怕直接的表达会受到惩罚。如果他们认为你做事太急,就会给你讲龟兔赛跑的故事。这真的很让人恼火。

奴隶在你身后嚼舌根确实烦人,但如果他们是在密谋什么事,那就非常危险了。他们秘密集会时若是用气声说话,你就要格外小心并加以遏制。他们一开始这么做,你就要禁止他们使用自己的语言,而且有时候他们还会用自己创造的短语和单词,你完全听不明白,而这其中却隐藏着奴隶的真实意图。这种私密的语言只有一个用途:煽动人心。

奴隶们聚在一起时还会分享他们打败你的事,不过这种危害就小多了,无非是过嘴瘾,相当愚蠢。在奴隶的想象中,他们要比你聪明。我敢说,对于这些地位低下又手中无权的人,这样做会让他们自我感觉更好,而分享这些故事还可以给对方提供有用的建议。我最近偷听到一个奴隶间聊起的故事,说有一只寒鸦被用绳子拴起来当宠物,寒鸦想逃跑,身上的绳子却被树枝缠住,反而勒住了自己。最后它奄奄一息地躺着,自言自语说:"我真是蠢,我不能忍受当奴隶,但现在却让自己丢了性命。"讲故事的奴隶说:"这个故事的寓意是,奴隶只有在服务新主人的时候才会想念旧主人。"你别说,事实还真是如此。

满腹怨恨的奴隶还会用黑魔法针对你。一般我不相信这种歪门邪道能伤害到我，但大多数家庭的确因此受到危害，而且咒语施加在你身上会让你产生不安。很不幸，这种行为很难发现——奴隶会把诅咒写在铅片上，放在城郊的墓碑之间①，为了让主人早日也成为那些躺着的尸体之一。

以上这种悄无声息的反抗很常见，你却有苦说不出，那些你竭力想要善待的人却在你背后表达不满。实际上，这也无伤大雅，因为奴隶害怕你，不知道你发现后会怎么处置他们，所以才在暗中做这些。你应该这么想，这也是对你的权威和你有序持家的一种赞许。

— 评　述 —

在这一章中，法尔克斯表达了奴隶主心中沉重的担忧和焦虑。斯巴达克斯的故事因为1960年，由斯坦利·库布里克执导，柯克·道格拉斯主演的电影而为人熟知。斯巴达克斯这一争取自由的斗士鼓动追随者们揭竿而起，齐声呼喊"我是斯巴达克斯！"的一幕，造成了我们对于古罗马世界主奴关系的误解。鉴

---

① 这种黑魔法在拉丁语中称为defixiones，最早源自公元前5世纪的希腊，后传播至整个地中海地区。做法是将受害者的名字刻在薄铅片上，并扔进坟墓、土坑或井中，从而将受害者的灵魂交到阴间的鬼魂手中。——译注

于古罗马所在的亚平宁半岛是历史上最大的蓄奴社会之一,奴隶反抗并不奇怪。有一条罗马谚语说:有多少奴隶,就有多少敌人(quot servi tot hoste)。

其他奴隶起义的规模却远不如公元前73—前71年斯巴达克斯的那次。实际上,奴隶暴动非常罕见,而且除了斯巴达克斯的起义,其他的都被轻易击垮。这些叛乱集中爆发的根源大部分在于大批奴隶战俘涌入相对狭小的区域,他们又通常具有相似的民族背景,这样交流叛乱计划也更为方便,尤其是当之前的军事领袖也在被俘之列。每当罗马共和国打赢一场大规模征服战,都会捕获数量巨大的战俘作为奴隶。这些奴隶价格低贱,因此主人们也无心善待他们。多种因素结合造成了奴隶叛乱的危险局面,不过,这种情况还是极少出现的。

到了罗马帝国时期,奴隶制已经运转良好,不太会受到严峻挑战。奴隶对主人的抵抗也仅仅是撒谎、耍花招、装病、磨洋工而已。这种小规模的抵抗有很多形式,也不总会产生冲突。面对主人,奴隶只是会采取消极策略,比如回避和装傻。我们必须注意,千万不要把这种关系添油加醋,认为古罗马社会不断存在着奴隶主和奴隶资源之间的阶级斗争。

大盗布拉·菲利克斯之流在今天很容易被解读为罗宾汉式的人物:一群和世俗社会中的不公平做斗争的绿林好汉,并创造了一个平等的小团体来对抗制度的腐朽。但这些故事是给上层观众看的，更可能只是一种文学传统罢了，用来突出官员和君主腐败的统治。然而，这种绿林故事的确用了喜闻乐见的题材：以不公、贫穷和腐败来给不称职的统治者施压。当政府表现得不尽如人意时，好汉们的做法也是以牙还牙。

一些奴隶所做的反抗也可以视作与主人之间的谈判，试探自己是否能做点坏事蒙混过关，一步步瓦解主人的管制。一个办法是装作懦夫，这样就可以远离危险的境地。另一个就是触动主人的同情心（如果他有的话）。塞内加说，拥有奴隶有一点很烦人，就是你得靠那些总是眼泪哗哗的人去做事，见《论内心的平和》(*On Tranquillity of the Mind* 8.8)。奴隶的眼泪既可能是真实的发泄压力，也可能是逃避不想做的工作或惩罚的手段。奴隶主经常不承认奴隶也是人，认为他们和动物没什么差别，而通过流眼泪，奴隶可以试着扭转局面，展现出特属于人类的喜怒哀乐，让主人看看这就是他们动用暴力的后果。这种示弱策略也许只能让家中奴隶得到甜头，因为他们与主人的关系相对密切。

说闲话是对付主人的另一个办法。闲话会把主人的虐待行为传得更远，意味着他不是一个品行优良的人，可以让他在社会上没有脸面。西塞罗对竞选者提出过一个建议，他警告说闲言碎语通常是从家中传出的。在竞选期间，奴隶也应该被谨慎对待。《伊索寓言》中的机智故事让饱受践踏的下层劳动者得以享受小人物的胜利，尽管只是短暂的快乐。故事中的英雄一般是聪明的搬弄是非者，能将主人统治的世界搅个天翻地覆。这种精神胜利法是奴隶在心理上对富人的复仇，本身就是一种心理赋能。至于这种小规模或消极的抵抗能不能达到目的，就很难说。

公元前135—前132年，西西里爆发了第一次奴隶战争，相关细节请见狄奥多罗斯·西库路斯（Diodorus Siculus）的作品。关于斯巴达克斯叛乱的叙述，见普鲁塔克（Plutarch）《克拉苏传》（*Life of Crassus*）和阿庇安（Appian）《罗马内战史》（*Civil Wars* 1.14）。恐怖分子在汉尼拔的支持下进攻罗马，见历史学家李维（Livy）的叙述。拉提乌斯·马赛多遭到谋杀一事，见小普林尼《书信集》（3.14）。布拉·菲利克斯的事迹可以在卡西乌斯·狄奥（Cassius Dio）的著作中找到。

第九章

渴望自由

第九章 渴望自由

许多奴隶都渴望自由。奴隶们受到的待遇让他们备感耻辱，感到自身毫无社会价值。一般说来，就算奴隶道德水平低下，他们也认为自己该有重获自由的一天。即便这种想法在道德上和法律上无一例外地都会受到责难，但很多奴隶还是觉得自己当奴隶实在太不公平了。

让奴隶知道他们有一天能重获自由，其实对主人是有好处的。这既是一根能激励奴隶勤奋工作、诚实做事的胡萝卜，也是一根在他们表现不好时能予以威慑的大棒。让奴隶心存希望，就能使他们甘愿忍受所有的折磨，而一旦绝望，他们就会采取极端的做法。

实际上，并不是所有奴隶都想成为自由民。一些人对他们所属的家庭非常满意，也和主人关系融洽，自由之后不仅没有好处，反而还要承担自由民的责任。有一个著名的例子，盖乌斯·麦里梭[1]生来就是个自由民，他出生在斯波莱托[2]，但是一出生就被遗弃了，因为他父母不知要拿他怎么办。一个当地人救下了他，并把他作为奴隶抚养长大，还让他接受了高等教育。最后，麦里梭作为献礼被献给了奥古斯都最好的朋友米西奈斯，在其手下草拟书信。麦里梭很快意

---

[1] 盖乌斯·麦里梭（Gaius Melissus），古罗马著名文学家和语法学家，曾开创了新的喜剧题材fabula trabeata，意为"骑士传说"。——译注
[2] 位于亚平宁半岛中部，罗马以北。——译注

识到，正是因为自己的学识，米西奈斯才对他平等以待，甚至把他当作了好友。这时，麦里梭的母亲突然出现，想要为他争取回自由身份，并企图从这位接近权力中心的儿子身上谋点利益。但是，麦里梭下定决心要继续当奴隶，他已经是米西奈斯的朋友了，自由后也不会比这好到哪去。不过，出于高尚的情操，米西奈斯最后还是让麦里梭重归自由，而麦里梭也成了奥古斯都的朋友，这位君主还任命他修建奥克塔维亚门廊①的图书馆。

  最常见的赐予奴隶自由的方式就是立遗嘱。如果你想在活着的时候就放了他们，还得进行一个古老的释奴仪式。在仪式中，你作为主人要站在政务官面前，看着他公开宣布奴隶获得自由。然后，你得狠狠打奴隶一巴掌，表明这是他们在你手下受到的最后一次羞辱。要是不想进行这些繁文缛节，你也可以试试不那么正式的方法。比如有一项古老的传统就是，你握着奴隶的手说："我想要这个人重归自由。"然后放开他就完事了。这便是"manumit"（解放）②一词的来历，字面意义就是"把他从你的手里放开"。

  通常我的做法只是简单写一封信给奴隶，或者邀

---

① 奥克塔维亚门廊（Portico d'Ottavia），奥古斯都为其姐姐奥克塔维亚修建的建筑群，包括朱庇特神庙、约娜王后神庙和图书馆，于公元80年被毁。——译注

② 拉丁语manu意为手。mit为放开、送出之意。——译注

请他上桌和我还有我的朋友们吃饭,这样我的朋友也就成了释奴见证人。我更喜欢家中这种放松的形式,优秀的奴隶早已成为家庭的一分子,所以他们获得自由的仪式也不妨在其他家庭成员到场时举行。如果能给他们一个惊喜就最好了,看到惊讶、狂喜和感激的神情在他们脸上夹杂出现,于我而言有趣得紧。唯一不好的就是,如果奴隶想要获得完整合法的公民身份,还必须要经过释奴仪式,但你可以在宣布他们自由后,过几天再来进行正式的仪式。

令人伤感的是,获得解放并不意味着完全的自由,而且政府会向每个奴隶收取占其身价百分之五的税,所以大批奴隶解放便成了政府一大笔收益。作为主人,你也要注意,奥古斯都曾制定了一些关于解放奴隶数量的限制,君主担心大量奴隶获得自由会稀释罗马强大的公民群体,导致里面充斥着残弱者和外邦人。于是他下令,规定了主人在遗嘱中解放奴隶数量的最大限度,释奴所占百分比根据主人拥有奴隶的数量来定。如果主人只有2至10名奴隶,这是目前最常见的数量,他将有权赐予一半的奴隶自由。如果数量在10到30名之间,就只有三分之一的奴隶可以获得自由。如果主人的奴隶有30到100名,这限度就会下降到四分之一。而拥有100到500名奴隶的大奴隶主便只能让五分之一的人成为自由民。奥古斯都还制定了各种条款来防止最劣等的奴隶成为公民,所以,那些被施以酷刑或被打上烙印的奴隶,是无论如何都无法成为公民的。

至于什么时候给奴隶自由,这是个艰难的决定。你要区分一下,你做这个决定,是因为你和奴隶已经产生了感情,还是因为他们付了你钱?在我看来,可能很多人和我想的一样,以自由来回报忠心耿耿服务你多年的奴隶,是正确且恰当的。有一次,我准备解放一名非常聪明的秘书提罗。他一直都很可靠,干活也很卖力,他是如此的彬彬有礼,与他所处的低下地位一点都不相称。我希望他能成为我的朋友,而不是奴隶,家中其他人也认同这个看法。所以,当我决定还他自由时,我的妻子都高兴得跳了起来。说到这儿,我突然想起他还没回我信呢,上次我听说他生了病,不止一次写信问候他,但是他都没有回复。这些释奴!就应该好好打他一顿。

很多主人会因为爱情解放女奴,想要与她有合法的婚姻关系。虽然这种事在某种程度上备受指责,但一个单身的主人对美丽的年轻女奴产生感情是再正常不过的了,尤其后者也想要讨好他。如果你发现自己爱上了女奴,必须确保你在解放她的时候就与她定下结婚的条款。我听说过有几个老笨蛋爱上了女奴,希望她们自由后可以和自己结婚,但她们却和年轻的男人跑了。还有一个常见的情况,就是已成为自由民的释奴回来找你,要付你一笔钱,想赎出你现有的奴隶,因为两人曾是相好。面对这种情况,要是拒绝你忠诚的仆人，剥夺他结婚的幸福，实在是有点太不近人情了。有一回，一个已经成为公民的女奴回来找我，要从我手上赎回她丈夫，想到她那么多年的衷心服务，我很难拒绝，况且她还给我生了三个健康的儿子。

对于女奴，一般来说我不会放她们自由，除非已经无法再生育，或已经生了很多。一个大家庭太需要家生奴隶来满足主人的需求了。

那么要服务主人多长时间才可以被赐予自由？关于制定最大服务年限，人们一直争议纷纷。为奴二三十年似乎对一个人来说过于苛刻。我认为，在一个奴隶三十岁时放他自由是比较好的，这样他可以有时间在社会上立足，继续作为忠诚的释奴为你提供服务。还有一些人认为，五到六年的服务时长已经足够，如果罗马士兵在战争中被俘，成为奴隶，国家就要出钱赎他，士兵也会作为国家奴隶服务五年来代还赎金。此外，共和国时代的演说家西塞罗曾说，尤利乌斯·恺撒独裁的前六年，对罗马人来说无异于一次奴役。

一些特殊情况下，你也可以随机应变。就拿最近的例子来说吧，我正被家中暴发的一阵疾病弄得心绪不宁，有两个年轻奴隶快死了。我很愿意让奴隶们在死前的病榻上得到自由，让奄奄一息的奴隶成为濒死的自由民，从而感到一点安慰。但我一般会先定一个条款，以防他们康复，这样他们就不会装病骗我，或在奇迹般治愈后一走了之。我还允许奴隶们留下遗嘱，把钱和物品留给他们指定的人。虽然奴隶是不能留遗嘱的，我还是把他们的遗嘱当成有法律效力的真正遗嘱来对待，只要他们保证受益人也在我家中。毕竟，这都是我的钱嘛。

以下信息可能会对你有用。属于国家的奴隶也可以获得自由，当这奴隶买到能代替他工作的奴隶时，他就可以被解放。不过呢，这也会带来法律纠纷。我记得有这么一桩事，我们市里议会有个奴隶，他出钱买了个奴隶来代替他的工作，从而取得自由，但是后来那个代替他的奴隶跑了。议会想要让那释奴再回来服务，但是他却写信给君主，声称他的解放是合法的，并没有条款说如果他的替代者逃跑他就要回来，所以他还是自由民。

极少情况下，国家会大赦奴隶，以便让他们参军，因为只有自由民才能成为士兵。正如你所想，这种情况只会在最危急的时候发生，就像那次我们军队在坎尼大败于汉尼拔[①]，还有奥古斯都时期，瓦鲁斯的三个

[①] 坎尼会战是公元前216年，第二次布匿战争（罗马与迦太基之间的战争）中的一场主要战役。迦太基将领汉尼拔切断了罗马军队的粮食供应，并进军罗马粮仓坎尼城，以少胜多击溃了罗马大军，后者伤亡惨重。有六七万名罗马士兵阵亡或被俘，主帅保卢斯也命丧敌手。——译注

军团在条顿堡①全军覆没。

很多人放走奴隶的理由非常奇特。自由应该是对奴隶忠诚服务的奖励，而不仅是因为主人一时脑热。遗憾的是，有很多奴隶因为帮助主人犯罪甚至是谋杀而获得自由。还有些时候，主人放走奴隶是因为公民可以收到每月政府发的救济粮和物品，这样释奴就可以靠国家吃喝，而不用麻烦自己了。还有一些原因更加愚蠢。我认识一个人，在自己死后让所有的奴隶都成了自由人，这样他就会拥有一场盛大的葬礼，在灵柩去往墓地的路上，有一大群自由民送行，戴着自由公民的帽子，甚至一些品行低劣的奴隶也得以混在其中。大多数真正的罗马人并不会因为这样的送葬队伍而感动，反而会很恐慌——因为连这些社会渣滓都成为公民了。

你不能在不需要奴隶的时候把他们一丢了之，像老加图所建议的那样。在君主克劳狄乌斯统治的时代，一些主人会把生病或年老的奴隶丢到台伯岛上，那里有一座神庙，供奉医药之神阿斯克勒庇俄斯。于是君主下令，任何被遗弃在此的奴隶都会恢复自由，而且

---

① 公元9年，因日耳曼行省总督瓦鲁斯强制征税引发日耳曼人不满，后者爆发大规模起义。瓦鲁斯率领的罗马军团被起义军引入莱茵河东岸的条顿堡森林，遭遇埋伏全军覆没，瓦鲁斯也于兵败后自杀。据称奥古斯都接到消息后，心痛地大呼："瓦鲁斯，还我军团！"——译注

康复了也不用再回到他们的主人那里。如果主人忘记了对奴隶的义务，那么奴隶也不用再对主人尽义务。克劳狄乌斯还下令，主人要是因无法丢弃奴隶而把奴隶杀了，就会被指控谋杀。克劳狄乌斯制定这些法律，并不是因为他很有人道精神、特别关心奴隶的待遇，而是法律在这方面很不明确，君主有义务为大家解释清楚。

解放奴隶还有一个原因，就是奴隶们想自己掏钱赎身。让奴隶花钱买自由对我们主人来说是一大收益，一开始你可能会觉得这不符合常理，似乎都这样做到头来奴隶会越来越少。但你应该记住，你的奴隶群体是持续进化的机体，旧的血液要换成新鲜血液，才能让你的奴隶整体保持活力，努力工作。所以如果你收奴隶一笔钱，让他得到自由，实则是笔划算的买卖。他给你的赎金可以用于购买替换他的奴隶，你不会有什么损失。

允许奴隶赎身，这样主人就点燃了奴隶对自由的渴望。奴隶有自己的钱财，虽然从法律上来说这都是你的钱。奴隶的财产来自你对他们出色工作的奖励，这对你来说是一项不错的投资，你迟早会收回本钱。因为你会发现，在缴纳赎金时，奴隶表现得尤为大方，虽然从理论上来说他们总有自由的那一天，比如主人去世的时候。

不过你要知道这里头也有小骗局。奴隶非常渴望自由，所以可能会做任何牺牲来获取它。主人一般会赏给家奴一点钱买自己吃的食物，他们就会把钱存起来当赎金，宁愿饿肚子。如果你不对此留个心眼，就会发现你的贴身仆人们看着越来越像骷髅。

主人和奴隶达成的协议是有法律效力的。如果有奴隶声称已经用自己的钱赎身，但是他的主人却反悔，那么，他就可以向罗马城行政长官控诉。假若奴隶不能证明此事的真实性，他就会被发配到矿上做苦力，作为对浪费大家时间、毁坏主人名誉的惩罚。主人也可以要求把奴隶带回家，对其施加自己的私刑，只要别比发配到矿上的惩罚更过分就行。

由于这些协议有法律约束力，所以主人有必要为此起草一份合同。我和家奴制定合同后还会在附近的神庙中保存一份。

通过此种方式，奴隶终于获得了自由，但不意味着他马上就可以为所欲为。通常，我在正式宣布他自由前会制定一些条款。第一，我会要求他继续为我进行长期的服务，一般是几年的时间。在这期间，他实际上还是我的奴隶，虽然名义上已经自由，人身也属于神庙的神灵。这名奴隶必须向我保证会好好为我服务，按我说的去做，必须继续接受我的体罚，不管是以什么方式。如果是女奴，我还经常会要求她将自己的一名孩子交给我作为替代。奴隶一般都很乐意这么做，因为他们心里想的只有自己的自由，而且他们又不止这一个孩子,未来某天还会把这孩子赎回去。不论如何,这孩子会在我家中得到适合他的职位。有时如果我特别不愿意失去一名得力的奴隶,我就会把他的服务期限定得更长,直到我死的那天。

我会在遗嘱中说明哪些奴隶会被解放,但我也加了前提条件,就是他们会继续为我的未亡人提供特别服务。有时我也会允许奴隶分期三到五年缴纳赎金,这收益便会留给我的儿子和他的继承人。这样,我的后代就会得到持续的财产收入和服务。同时我也对我儿子提了一些要求,要他在我死后照顾我的两个老仆,这是我自己的一点心愿,对他而言也是小负担,不过却能让我的灵魂得到更好的安息。

合同的制定要非常严密,这一点怎么强调都不为过。我一个已经过世的朋友,在病重弥留之时匆忙留下遗嘱,从而拼错了一个最喜欢的奴隶的名字。遗嘱上写的是"克拉提努斯将重回自由",而这位奴隶的名字却是克拉提斯特斯。最后这事还是得让法庭来裁决。谢天谢地,法庭裁定这名奴隶还是可以成为自由公民。毕竟,从原则上来说我们应该鼓励一切奴隶取得自由的可能。

一旦获得了自由,你的新自由民将继续与你保持紧密的联系。他们曾经的主人,也就是你,此刻也成了恩主。曾经,他们作为奴隶对你卑躬屈膝,如今,他们对你的态度则转化为尊重,还有儿子对父亲的那种顺从。父亲和恩主应该永远被尊敬，他们在自由民和儿子的眼中永远是神圣的。就算他们离开你的家，还始终是你家庭的一员。

当我解放他们的时候，我会让奴隶们宣誓，每年会为我免费工作几天，这样他们就能在你有需求之时帮上点忙，为你做些琐事。这些事可以是他们擅长的，如果他们成为画家，你就可以让他们装饰房间；如果他们是理发师，你可以让他们剪头发。你也可以让释奴的孩子为你工作，孩子们也颇有用处，可以让他们在宾客来的时候喊出名字，逗乐嘉宾。当然，你也不能要求太多，不能让奴隶做能力范围之外的事，不论是因为他们体力不足，还是技艺不精。你也不能让释奴工作太长的时间，这样他们就没法赚钱自己维持生计。如果你这么做，释奴把你告上法庭，你就输定了。

如果你要追逐利益，那么把你的释奴变成你生意上的代理人将是一个好点子。我会让我的释奴参与我的商业活动，比如去做银行家、放高利贷、从事海外贸易等。这些行业利润可观，但社会地位高的人直接参与其中会有失体面。

作为回报，释奴会得到你的资助。像在经济上，你可以帮他们拉来客户，站稳脚跟。我自己经常为释奴写推荐信，如果他们配得上我的推荐我很乐意这么做。他们去世时会作为我家庭的一分子，葬在法尔克斯家族的墓园里。当然，我也有权把那些我认为不配享有此般荣誉的人排除在外。我还会把墓园钥匙交给他们的家人,这样他们可以随时探望。

有一些主人与奴隶的感情非常好,他们对奴隶极度慷慨。我知道一个年迈的家仆,在获得自由时还被赠予了一座小庄园。她是家中的奶妈,对主人的儿子而言,她与母亲没有差别。所以当主人的儿子继承家业后,这位奶妈已过于苍老而无法照料他,他便将一座价值10万赛斯特斯的农场赐予她。但我必须说实话,这是非常少见的。

总而言之,你的释奴会对你感恩戴德。在释奴的葬礼上,致辞往往都会提到对主人的感谢。我最近一次参加释奴的葬礼,记得致辞写道:"向我最值得感激的恩主,马尔库斯·西多尼奥斯·法尔克斯致敬,他的慷慨值得我千恩万谢。"这真是让人陶醉欣慰的场面。他们对我们感激是理所当然的。在他们还是毫无价值的奴隶时,可能刚从野蛮部落里被抓来,是我们把他们买回家;对于家生奴隶,则是我们花钱把他们养大。在应有的服务到期后,是我们给了他们机会,在社会中闯出自己的天地,成为完整的公民,让他们和子孙可以在最成功最文明的公民中昂首度日。

是我给了他们一个家,一个建立自己生活的基础。我的很多奴隶都互相成了朋友,在他们自由后仍然维系着友情。我有两个释奴,一开始他们在奴隶市场相识,一起学习拉丁语,然后在成为释奴后一起经商。

当其中一人死去，另一人便花费巨资为他"最亲密的朋友"树立了墓碑。在乡下就不一样了，那儿只有奴隶监工才有钱立这样的墓碑，就算这样，很多监工也不会立，不仅因为他们自己是文盲，还因为别人也看不懂。我曾自己花钱为我一个最可信、最能干的农场管理员树了墓碑，然而乡下的奴隶一般也没有时间和金钱来为墓碑费心。

为奴的命运悲惨艰辛，但是在罗马，这却不是定局。我让奴隶把这看作是一次考验，如果他们通过了考验，证明自己是善良、忠诚、可信的人，那么，一条通向成为真正罗马人的大道就会在他们面前徐徐展开。

— 评　述 —

对于很多古罗马奴隶来说，为奴只是暂时的。如果他们勤奋工作，好好服侍主人，就很有可能会被赐予自由。但我们却不知能如此幸运的奴隶在整个奴隶群体中占比多少，也不知他们究竟要为奴多久才能等来自由。很明显，家庭奴隶似乎有更多自由的机会，因为他们能够和主人建立起紧密的联系。但不是所有的家庭奴隶都那么好命，能得到这样的优待，尤其是在大家庭中就更加困难。主人往往得维持他高高在上的形象，不可能与奴隶过于亲密。

奴隶解放仅是城市中才有的现象。在乡下，虽然也有奴隶监工被解放的案例，但一般在田间工作的奴隶通常都要工作到死。其中原因不难解释：主人基本接触不到他们，所以一旦让他们自由，不仅很少能享受到后续服务，还要找新的奴隶替换他们。最仁慈的情况就是，年老的农场奴隶会分配到轻松的活，而不是在田里累个半死。不过，也不是很多奴隶都能活到那么老的岁数。

家庭奴隶提供服务的期限有长有短。现存的少量资料显示，奴隶为主人服务，从五六年到二十年都有。《阿斯特兰普苏克斯神谕集》里有一个细节很有趣。其中有一个问题，很明显来自奴隶之口："我会被解放吗？"提供的答案也说明，对于大多数奴隶来说，自由一直遥不可及。十条可能的答案里，有五条说"还早着呢"；两条说"得过一段时间"；一条说"你得交钱赎身"。其实，奴隶随时都可以赎身，但实际上却要过好长的时间，因为他们要存钱。一条答案很干脆地说"不会"，还建议奴隶别再问这事。最后一条却很乐观"你将被赐予自由，还能得到很多犒赏"。

这就是奴隶的生活，永远期盼着更好的未来，然而在主人来看，用自由做诱饵来钓着奴隶，时间越长越好，从而让自己得到最大的回报。同时，得知自己自由有望，奴隶也会工作更加卖力，表现得更老实。

德尔斐神庙的奴隶解放铭文规定,就算奴隶得到了自由,也会延迟几年生效,并开出条件,要奴隶答应继续为主人提供优质服务。主人希望释奴能继续为自己进行各色服务,实际上,这也表明奴隶和自由民之间的区别不像我们想象的那么大。也进一步证明,奴隶为了得到自由,什么条件都会答应。

奴隶是古罗马社会同化大量外来者的一个手段,但罗马人的确曾试图建立质量管控机制来防止不够格的人成为公民。《罗马法》不允许以下人等成为公民:曾被主人严惩,用铁链拴住的奴隶、被打上烙印的奴隶、犯下罪行被严刑拷问的奴隶,以及曾被判和野兽决斗的奴隶。但如果主人执意解放他们,这些奴隶就会成为和外邦人一样的拉丁公民。公元前2世纪的《富菲亚—卡尼尼亚法》还对主人可以解放占总数多少百分比的奴隶做出了限制[见盖尤斯《法学阶梯》和苏埃托尼乌斯(Suetonius)的《奥古斯都传》(*Augustus* 21)]。

西塞罗评价说,尤利乌斯·恺撒独裁的六年相当于全民奴役,见其著作《反腓利比克之辩》(*Philippic* 8.11.32),而奥古斯都还曾有过最严厉的禁令,禁止奴隶解放长达三十年,相关细节见苏埃托尼乌斯的《奥古斯都传》。《学说汇纂》中列出了关于释奴还对恩主有义务的法条(*Digest* 38.1)。克劳狄乌斯严禁主人将病弱和年老的奴隶遗弃在台伯岛，见苏埃托尼乌斯所著《克劳狄乌斯传》（Claudius 25）。主人解放奴隶的原因只是为了让他去吃国家发放的粮食，见《狄奥多西法典》（Theodosian Code 14.17.6）和苏埃托尼乌斯的《奥古斯都传》（42）。老奴隶奶妈在被解放时得到了一座小庄园作为礼物，见小普林尼《书信集》（6.3）。现存的《拉丁铭文选集》中的 ILS 8365 号墓碑铭文向我们表明，奴隶主家族墓园愿意接纳更广范围的家庭成员，包括奴隶和释奴。盖乌斯·麦里梭不愿自由的故事，则见于苏埃托尼乌斯《语法家》（Grammarians 5）。

第十章

获得自由之后

聪明才智若是被用来发展成贪婪的野心，就像身体散发出难闻的体味。每个释奴都有这毛病，获得自由后就开始散发着野心的恶臭。一旦他们被正式接纳为罗马公民，都迫不及待往上爬。有些奴隶的身上曾被打下烙印和文身，自由后，为了隐藏这些不断提醒自己曾被奴役的印记，往往遍寻擅长遮瑕的医生，不惜通过剜去皮肉、灼烧皮肤的方式使之结痂脱落。这是很常见的事，还有不少释奴做得更夸张。他们迫切希望成功，比生来自由的人更要迫切。幸好他们不能竞选公职，不然就会疯狂钻进满是油水的权力中心。正因为这样，他们只得通过变得富有来实现个人抱负，但是这些释奴也只能靠粗鄙的法子来挣钱。由于无法通过长期持有的土地来获得收入，他们只得做买卖。于是，这些人奇迹般的一夜暴富。

释放奴隶其实是对奴隶的放纵。在回忆起一名奴隶多年的忠诚服侍时，主人会心软，也会憧憬奴隶在自由后对他念念不忘的感激之情。我们可能会认为释奴将对我们感恩戴德，会积极报答我们的慷慨和善意，或是在一些小事上尽力相助；我们还会幻想这些奴隶一旦成了自由民，将对处于更高阶层的恩主表达应有的敬意。很遗憾，我们错了，大多数情况下，释奴并不会再对你卑躬屈膝，而是经常会萌生僭越的暴发户想法，尽管他们的社会地位已经得到了提升。

我的一个奴隶塞尔维乌斯（Servius）就是这样。

他受过教育,作为奖励,我在放他自由后让他承袭了我的名字:马尔库斯·西多尼奥斯·塞尔维乌斯。但是他自由没多久,就好像觉得他和我是一类人了。他称呼我的时候没大没小,很少在早上向我请安。一次,在我对他解释商业投资的时候,他甚至敢打断我,我可是出了资金的!我一时生气,轻轻扇了他一掌,明确告诉他我的不满。接下来发生的事你肯定不信,他把我告到了法庭,真是神气啊!他争辩说我这么做是羞辱了他。那位多年来一直秉公执法的法官倒是和塞尔维乌斯持不同观点,驳回了上诉,认为"前财产声称在前主人手中受到了侮辱"很是荒唐。作为前奴隶,在前主人的眼中永远不会受到尊重。所以侮辱这种事,是压根不存在的。

可悲的是,不是所有的释奴都会感谢你,也不是所有释奴都会履行应尽的职责。很多次我不得不到法庭上去倒苦水,抱怨释奴的所作所为。法庭谴责这些释奴的行径,作为我以前的奴隶,他们不能够逃脱责任。如果他们对前主人无礼,就会受到处罚,被判处一段时间的放逐。如果他们攻击恩主,还会被发配到矿上干苦力;如果恶意传播关于主人的谣言,或是煽动人对曾经的主人发起攻击,结果也是一样。如果仅仅是没有为前主人跑腿,那么他们就只会被责骂一顿了事,法庭也会警告释奴,如果前主人再来抱怨,他们就会接受更严厉的处罚。克劳狄乌斯则更严厉,他下令说,释奴若是胆敢不对主人表达感激，导致前主人有所抱怨，就会面临被重新卖作奴隶的下场。

释奴熊熊燃烧的野心驱使他们和家人在社会中的地位节节攀升，其手段真是令人咋舌。一个奴隶竟然可以通过工作和继承前主人的产业，得到与多数声望不凡的大地主一样的财富，真是无耻。在坎帕尼亚，我就有这么一位邻居，他的到来让我喜忧参半。这家伙买下了一栋定价远高于实际的浮夸庄园。他叫特利马尔奇奥，在搬过来不久就邀请我去家中享用晚宴。为了不表现得过于傲慢，我接受了这一邀请。整晚，他都在滔滔不绝地讲述自己是如何通过勤劳的双手得到这一切的。"我非常热衷赚钱，"他说，"我会低价买入货品，在合适的时候高价卖出。而且我个人非常节省。"

他还是个孩子时就作为奴隶从亚洲来到罗马，是主人最得意的奴隶。他服务了十四年，最终掌管了整个家庭，被他的主人指定为继承人，通过合法的程序继承了财产。就像他所说的，"没有人会甘于无所事事"，于是他决定经商。他造了五艘船，装满了葡萄酒，但是船都在去罗马的路上沉了。他自己说损失了3000万赛斯特斯，但是他一向喜欢夸大。后来，他建造了更大更牢固的船，满载着酒、培根、豆子、香水和奴隶。他说这一趟赚了1000万赛斯特斯，也赚来了一套大房子、许许多多的奴隶和庄园，如果你信的话。

这看上去的确太离奇了，这些暴发户怎么那么有钱！你以为他们会因自由而喜悦，会老老实实感谢被公民群体接纳成为核心成员。事实上，罗马人已经成为收容各种移民和前奴隶的大熔炉，有时甚至连自由民和奴隶之间巨大的鸿沟也被抹去。由于君主奥古斯都对骑士制度①进行改革，所有身家超过40万赛斯特斯的人都可以成为骑士，所以，骑士群体中有很多是富有的释奴。界限模糊到这些释奴甚至可以参选从政。巴尔巴里·腓立普斯（Barbarius Philippus）就是一名逃跑的奴隶，通过非法程序被选举为罗马的大法官。这让人很是头疼，究竟是要把他颁布的法令从雕像上抹去，还是为了社会稳定而继续保留？

当然，当释奴被发现试图通过谎言和花招跻身官僚行列时，他们理应受到严惩。一名叫作马西姆斯的奴隶，眼看就要成为财务官了，却被主人认出，被拖了下去。后来，马西姆斯仍然被赦免了。他真是勇气可嘉，敢于竞选公职，但另外一个逃跑的奴隶就没那么幸运了，那人虽已成为一名大法官，却被从朱庇特神殿的塔尔皮亚岩石②上推了下去，一命呜呼。据我

---

① 骑士等级，拉丁语equites Romani，在古罗马，养马很昂贵，所以只有富人才能成为骑士，在共和国的骑兵中服役。后来演变为一种社会等级，只要有钱就可以买到这个头衔。——译注
② 古罗马卡皮托利尼山上的一块岩石，叛国者等其他罪犯会被从上面推下。——译注

所知，现在的政局一片混乱，人人不知所措，罗马的光荣传统被众人忽视，而奴隶正在用抢劫、卖淫，还有干其他勾当赚到的钱为自己赎身。

社会上有不少人可盼望着这些富得流油的释奴倒霉呢。我记得一件事，发生在我位于阿非利加的庄园附近。一个刚恢复自由的奴隶，名叫切希姆斯，他仅拥有一个小农场，却比他的邻居丰收了更多的粮食，尽管后者的产业更大。人人都不喜欢他，还有人说他是用巫术偷走了别人的粮食。在审判中，切希姆斯把他所有的农具和奴隶都带到法庭上，这些农具都是最时新的款式，保管得也非常好。"这就是我的魔法，"他大喊道，"但仍有你们看不到的秘方，那便是我辛勤的劳作和朝夕洒下的汗水。"于是，他被一致同意无罪释放。

我得替释奴们说句公道话。除去经营农场，很多释奴和他们的孩子在别处也赚了大笔的钱。阿喀琉斯·斯忒涅洛斯是一名释奴的孩子。在过去的二十年里，他在位于诺门顿①一个不到六十亩的葡萄园中培育葡萄，然后，他将这座庄园卖出了40万赛斯特斯的高价，由此名声大振。斯忒涅洛斯还帮助朋友勒密乌斯·帕莱蒙在二十年里买下了估价60万赛斯特斯的庄园，也在诺门顿，距离罗马城郊十里（约16千米）。

---

①Nonmentum，位于罗马东北部29千米的城镇。——译注

你也知道，所有郊区庄园的价格都低得可怕，尤其在诺门顿，但斯忒涅洛斯买下了这其中最廉价的农场。这些农场由于无人打理而荒废，土地贫瘠，连最低的耕种标准都难以达到。但在斯忒涅洛斯的悉心管理下，葡萄园重燃生机，土地状况得到改善，农场建筑也拔地而起。结果令人瞠目，在八年里，这座从未丰收过的老旧庄园被估价到40万赛斯特斯。最后，经过了十年的精心培育，伟大的哲学家和政治家塞内加以原价四倍的价格拍下了这片葡萄园。

此外，我们也必须接受一个事实，不是所有的释奴都为人粗鲁。他们中一些人头脑精明，做出了非凡贡献，不仅仅是为富有学识的主人念书，成为他的秘书而已。马库斯·安东尼奥斯·格尼佛（Marcus Antonius Gnipho）在高卢出生的时候是个自由民，但是被父母抛弃，作为奴隶长大成人。抚养他的主人先让他接受教育，然后放他自由。据说格尼佛天赋异禀，有着远超旁人的记忆力，他学习了希腊语与拉丁语，性格也讨喜随和。他从来没要求学生们交过学费，但是他的学生都愿意主动上缴。他甚至还在尤利乌斯·恺撒长大的家庭中任教。

斯坦珀利乌斯·厄洛斯（Staberius Eros）也一样，他可能是色雷斯人，在公开拍卖时被买下，后来又因为热爱文学而被释放。他深深热爱着共和国。他曾是刺杀恺撒的刺客布鲁图斯（Brutus）和卡西乌斯

（Cassius）的老师。他拥有贵族般的人格，在苏拉①的独裁时期，他免费给暴君反对者的孩子上课。

勒涅乌斯（Lenaeus）是庞培的奴隶，在获得自由后跟着庞培南征北战，大多数远征他都紧随其行。有传言说，当还是奴隶的时候，勒涅乌斯曾从铁索挣脱，逃回了他的祖国，在那儿教授文学。勒涅乌斯后来把与身价相等的金钱交还给了他的主人庞培。因为他出色的品性和一等的学识，庞培无偿赦免了他。

隶属于神圣君主的皇家释奴自然不在这些粗俗的暴发户之列。因为与一国之主关系密切，他们在社会上具有了特殊地位。作为奴隶，他们常常接受君主的赏赐，得以聚集大量财富，自由后自己也成了奴隶主。提比略（Tiberius）的释奴马西库斯·斯卡拉努斯（Musicus Scurranus）自己就拥有16名奴隶，负责照顾马西库斯生活的方方面面，从会计到厨师，再到贴身男仆一应俱全。在克劳狄乌斯的统治下，这些皇家释奴的特权是被法律承认的，克劳狄乌斯甚至允许皇家释奴与公民结婚，赐予他们的孩子拉丁公民身份。当然，普通释奴如果胆敢和罗马公民同居，是会受到严厉惩罚的，生下的孩子也会被划分为奴隶阶层。这样的皇家释奴有很多，在皇宫中担任各种工作，我甚

---

① 苏拉（Sulla，前138—前78），共和国时期将领，公元前88年出任执政官，公元前82年正式成为终身独裁官。——译注

至还见过一个释奴，专门保管君主在胜利典礼上穿的长袍。

一些释奴和君主走得很近，成为帝王的心腹。众所周知，克劳狄乌斯习惯向他的释奴寻求各种意见，甚至一些涉及公众的大事也不避嫌。他的想法是，既然释奴无法竞选公职，也不能积极投身政治，那么他们的意见就足够客观，可供参考。甚至有一些生来自由的公民也自愿成为皇家奴隶，参与君主的家务事，帮他管理国家。我知道一些历史悠久的大家族对此非常生气，为君主出谋划策本是元老院的职责，如今却让奴隶来置喙。据说有一些奴隶还相当无赖。帕拉斯（Pallas）是克劳狄乌斯的释奴，被元老院赏赐了1500万赛斯特斯，又被任命为荣誉大法官，仅仅因为他建议立法允许皇家奴隶和罗马女人结婚。一番做作的虚假推辞后，帕拉斯拒绝了赏金，却接受了荣誉头衔，声称靠他微薄的收入足以过活。这下元老院可是进退两难，不得不当众树一块石碑，赞扬一个如今身家已达到3亿赛斯特斯的释奴，说他拥有廉洁的传统美德。但是，帕拉斯的哥哥腓力斯（Felix）却毫不知收敛，他被克劳狄乌斯任命为朱迪亚[①]总督，自信与君主关系非凡，在那里无恶不作，强征钱财，却无人能制止。

[①] Judea，即犹太行省，常译作朱迪亚，位于罗马帝国东部，是犹太人聚居区。——译注

皇家奴隶和皇家释奴可谓是自成一派，与社会上的其他奴隶有诸多不同，从他们内部的紧密联系就可以看出来。我见到过很多精美的墓碑，是皇家奴隶们为在皇宫共事的同僚树立的，我还见他们死后葬在一起，亲密度由此可见一斑。

抛开少见的例外，大多数释奴都表现得特别浮夸，试图展示自己真正罗马人的身份。他们的墓碑就可以说明问题。释奴用墓碑来宣布自己是这永恒之城的一分子，是自由民群体的成员。可以理解，他们的墓碑永远是那么华丽和雕饰过度，满是对微不足道成就的溢美之词。释奴常向你喋喋不休他们是多么富有，却没意识到真正的富有从来都不用广而告之，因为那体现在严格律己的行为和绅士的品性中。我之前说过的那位邻居，特利马尔奇奥，就用一堆诸如庄园产了多少大麦，早上有多少牛犊降生的破事来轰炸我，他甚至叫了一个帮他记账的奴隶到我跟前来背诵那天的流水账。奴隶播报说，他的女奴在当天共生了四十个奴隶男孩；一个叫米特拉达梯的奴隶诅咒主人名字，受到惩罚；他在保险箱里的存款达到了1000万赛斯特斯；他在庞贝的花园里发生了一场大火。

听到这里，特利马尔奇奥打断了他："那是怎么回事？"他问，"我什么时候在庞贝买了花园？"

"去年，"这奴隶回答，"但是还没有显示在账目上。"

特利马尔奇奥气得脸色通红，嚷道："买下的房产要是在六个月内还没通知我,以后都别记在账目上了!"

所有这些尴尬的表演都是为了做给我看的,我自然一个字都不会信。

然而这些都是晚宴开始前的节目。当我们准备入席,一名埃及奴隶跑到我们面前,用冰雪冷却过的水倒到我们手上,其他奴隶随后来到,熟练地为我们凉鞋露出的双脚修剪脚指甲。这些奴隶男孩一边修剪,一边大声合唱起来,整个房子都好像在跟着歌唱。当我要旁边的奴隶上一杯饮料时,他用唱歌的方式大声报了一遍饮料的名字,你甚至以为自己参加的不是晚宴,而是在剧院听了一场音乐会。然后开始上菜了,一个巨大的托盘被端上来,上面立着一只铜制驴子,身上挂着两个篮子,里面分别装满黑白二色的橄榄。两个大盘子内装了各式各样的美食,有撒上了罂粟籽和蜂蜜的睡鼠、银烤架上的香肠,下面铺了黑李子和石榴籽。托盘上雕了特利马尔奇奥的名字,还有银的含量。

开胃菜正吃到一半,特利马尔奇奥自己伴随着奏乐进场了。他坐在堆叠的小坐垫上,一颗精心剃光的脑袋从猩红色长袍中冒出来,脖子上围一条有宽大紫色条纹的餐巾,像元老院里的元老。他左手小指上戴着一枚巨大的金戒指,无名指上的戒指却小一点,焊有铁制的五角星,然后,生怕别人看不到他的巧思,特利马尔奇奥还特意光着右臂,因为他戴了金色的臂环，还有镶金的象牙镯子。

而这场闹剧中最糟糕的一点，就是特利马尔奇奥很为自己得意。当看出我面对他铺张的晚宴在偷笑时，他明显非常生气。

"你在笑什么？"他问，"你是罗马绅士，但我也可以在自由民中昂首阔步，我不欠谁一分钱。我从来没上过法庭，也没有债务。现在我买下了几处房产、许多银器、十二个奴隶和一条狗。我是奥古斯塔莱斯六祭司团[1]的成员。我甚至还买下了我相好的女奴，从此没有人可以对她染指。"

"闭嘴吧！"我说。但是他正说到兴头上停不下来：

"你根本不知道当奴隶是什么滋味。我最痛恨的就是你们这些不可一世的罗马人，嘴上叫着'小崽子'，要我过来服侍你们，尤其连胡子都没长的毛孩子也敢这么对我。他们要我端夜壶，当我饿得不行的时候，眼巴巴看着只咬了一口的奶油蛋糕和鸡肉在桌上，却被告知奴隶不能吃剩饭。但让我真正生气的是，满身肥肉的罗马人说我们贪吃，我们却根本什么也没的吃。法尔克斯，你和我一样都心知肚明，所有的罗马人买奴隶都不过是为了炫耀，可不只是我们这些释奴这么

---

[1] 奥古斯塔莱斯六祭司团是一种地方性组织，在意大利和南部高卢行省等城市中，成员大多是释奴，释奴们通过这一组织进行崇拜皇帝等社会活动以获得名誉和地位。——译注（参考自《罗马史研究入门》，刘津瑜著，北京：北京大学出版社，2014.6）

干。我们铆足了劲买奴隶,不是因为奴隶会为我们带来钱财,而是因为他们可以向世人展示,我们是多么有钱,是多么重要。"

— 评 述 —

尽管被解放,但释奴并不可以彻底离开主人,他们还必须对自己的恩主言听计从。前主人是他们的保护人,所以释奴有义务为恩主提供服务。如果释奴没有尽到义务,还可能会被告上法庭强制履行。法律规定,主人不能再对释奴进行体罚,但也有例外。比如,有一位释奴向法官抱怨自己在恩主那儿受到了体罚的耻辱,法官却将这控诉驳回了。西塞罗在给他聪明的释奴兼朋友提罗写信时大开玩笑,说要是他不回信,就会好好揍他一顿。看来主人还是会用这种语气和释奴说话,他们自己是觉得有趣,但信另一端的释奴可能就不这么想了。以上所论述之事,均见于玛丽·比尔德的文章《西塞罗通信——将信件集结成书》,收录于T.P.怀斯曼编著的《古典进行时:古代希腊罗马研究文集》〔'Ciceronian Correspondences: Making a Book out of Letters', In T. P. Wiseman (ed.), Classics in Progress: Essays on Ancient Greece and Rome, pp. 103–144〕。

一旦获得自由，很多释奴就会努力去做之前为奴时无法做到的事。他们深深为自己所取得的成绩感到自豪。在现今留存下来的墓碑上，我们仍能见到他们身穿托加长袍的形象，只有罗马公民才被允许做这种打扮。他们中有人获得了巨大的财富和权力，当然，这些幸运儿不过是冰山一角，但也有数不清的释奴一点一点爬上社会阶梯，在小范围内提升了家人的生活质量。

正是这种社会流动性将罗马和雅典的奴隶制区分开来。雅典公民群体相较而言更加稳定坚实，但通过解放大批奴隶，罗马社会得以吸收更多的新公民。这种宽容却不意味着释奴的社会成就不会招来仇视。佩特罗尼乌斯（Petronius）的《讽刺小说》（Satyricon）就是这样一部嘲笑讽刺社会上暴发户的著作。这部书写于公元1世纪中期，描述了主角科尔皮乌斯和他十六岁的男朋友吉东的不幸遭遇。在故事中有一段，他们到一位名叫特利马尔奇奥的富有释奴家中参加晚宴。当晚的菜极致奢华和铺张，释奴铆足了劲，想要通过赤裸裸的炫耀让宾客目瞪口呆。文章用嘲笑轻蔑的语调描述了这个行为，嘲笑特利马尔奇奥和他朋友低俗的语言和行为。《讽刺小说》是一部虚构作品，每一个情节都被故意夸大，以达到令人捧腹的效果。这可以看作是一种现实的投射，对于那些迫不及待想要提高社会地位的新晋自由民，罗马贵族是多么厌恶，要在文学作品中极尽讽刺之能事。

不是所有释奴的处境都一样，正如奴隶的命运也各有不同。有一些释奴得到了颇具影响力的身份地位，比如那些保护人是皇家的释奴。他们与君主紧密的关系意味着法律也会对他们网开一面。还有的释奴成了天才的学者作家，在文学领域取得了成功。大部分人离特利马尔奇奥这种成功还差得远。我们也不应该认为释奴和前主人之间存在敌意，很多释奴对前主人在事业上的帮助表达了感谢，也得到了葬在前主人家族墓园中的特权。

恩主的法律权益，可见于《学说汇纂》(37.14)。皇家释奴在法律上被网开一面，见《狄奥多西法典》(*Theod-osian Code* 4.12)。阿喀琉斯·斯忒涅洛斯的故事，见老普林尼《自然史》(*Natural History* 14.5)。对福利乌斯·切希姆斯运用巫术的指控，同见于老普林尼《自然史》(18.8.41-3)。奴隶马西姆斯成为财务官，见卡西乌斯·狄奥的作品，奴隶巴尔巴里·腓立普斯被非法选举为大法官一事，见《学说汇纂》(1.14.3)。特利马尔奇奥晚宴的细节，见佩特罗尼乌斯的《讽刺小说》(26-78)。

第十一章

——

更友好的对待

如今这世上有一个不幸的事实：基督徒越来越多。这种异端信仰一度被尼禄等君主以强力手段遏制，他们屠杀了大量基督徒，因为后者相信人性有原罪。

这种信仰很得奴隶的心，说什么"顺应之人有福了，因他们必将承受土地"①。但我可以向你保证，我死后，顺应我的奴隶只会得到一小笔金钱，如果表现好，还可能会被释放。因为一些莫名其妙的理由，基督徒把自己也看成奴隶，说自己是基督的奴隶，称他们的神为"主"。就算基督徒满口仁爱和施舍，但在对待奴隶这事上，他们和我们这些信仰罗马真神的人其实并没有什么不同。

确实，我遇到的富人基督徒就和同等地位的罗马人一样，都养奴隶。他们的教堂里也有奴隶，一如我们的市议会。你也别指望基督徒都会允许奴隶为所欲为，他们要求奴隶服从主人，如果奴隶不听话，手中的鞭子也一样不留情面。我听说，有一个基督徒妇女把她的女奴打死了，教堂的惩罚是开除她教籍五年，如果证实是她故意致死，会延长至七年。基督教徒也有义务把逃跑的奴隶带回给主人。使徒保罗就曾把逃跑的奴隶送回给主人腓利门②。我相信保罗有劝说过这

---

① Blessed are the meek: for they shall inherit the earth. 出自《新约·马太福音》5.5。——译注
②《新约·腓利门书》中记载，使徒保罗将因犯偷窃罪逃跑的奴隶阿尼西姆送回到主人腓利门身边。——译注

名合法主人善待逃跑的奴隶（我不知道他到底说了没，不过这也不重要），但关键是保罗尽到了法律责任，并没有因信仰窝藏一个逃跑的奴隶。

基督徒和我们一样，都觉得奴隶低人一等。这些人自以为聪明，总攻击教派中的富人，说他们罪孽深重，和他们的奴隶一样，都坏透了，是小偷和懦夫，完全臣服于口腹之欲和贪婪之心。基督徒和罗马人都乐意接受奴隶生来邪恶的说法。奴隶，换句话说，就是道德低下的同义词。当然，他们也和我们持一样观点，认为最底层、最卑劣的奴隶也会有优点。但这些只是例外，其少见更说明了奴隶的普遍丑恶。

其实有一些基督徒自己本来就是奴隶，有着被奴役的出身。就连基督徒的一位教宗，也曾是个狡诈的奴隶。

加里斯都[1]是隶属于富人卡波佛鲁斯的一名奴隶，卡波佛鲁斯信仰基督教，同时也是皇家释奴，并靠此发家致富。有一天，出于对加里斯都的信任，卡波佛鲁斯给了他一大笔钱，让他在广场的鱼市开一家银行。没多久，当地基督徒都把大笔存款存到他的银行里，因为相信他背后的财力来自皇家释奴。但加里斯都偷偷把钱花得一分不剩，这才意识到自己已无路可退。

有人发觉这事不对劲，便向卡波佛鲁斯举报。卡

---

[1] 即天主教第十六任教宗加里斯都一世。——译注

波佛鲁斯找到加里斯都，命令他亮出账目以供检查。加里斯都知道不妙，怕得要命，决定逃到大海对岸。他在波尔图斯（Portus）①找到一艘即将启航的船，侥幸逃了上去，也不管这船去往什么目的地。但是他的行径被人发现，又报告给了卡波佛鲁斯，卡波佛鲁斯立刻来到港口想要上船。加里斯都害怕被抓后要面临惩罚，于是跳入海中自杀。岸上每个人见状都大声呼救，有水手跳入小船，把加里斯都捞了上来，又把他送回到合法主人手里，用马车押回罗马。

　　主人卡波佛鲁斯对加里斯都这种拙劣的诈骗手段非常愤怒，打发他去磨坊上干苦力。但没多久，几个基督徒找到卡波佛鲁斯，劝说他赦免这位逃跑奴隶的罪孽。卡波佛鲁斯心善，最终宽恕了加里斯都，并答应只要赔偿损失的钱就放了他。但是加里斯都身无分文，又身处重重警卫的看守之下，也难再逃跑，便起了自杀的念头，想故意闹事让自己被处死。在一个周六，他来到犹太教徒集会的教堂，制造了一起暴乱。犹太教徒被他的行为惹怒，开始辱骂并殴打他，他们把他拖到行政长官弗西努斯面前，抱怨说这基督徒扰乱公共安全。行政长官怒不可遏，但又有人把这事告知了卡波佛鲁斯，他便来到法庭，对行政长官说这人只不过是一个诈骗犯，因为偷了一大笔钱故意寻死。

---

① 1世纪中期，君主克劳狄乌斯建立的人工海港。——译注

但犹太教徒们觉得卡波佛鲁斯在耍花招,只为让法庭放了这奴隶,所以他们更激烈地向行政长官抗议。卡波佛鲁斯没办法,只能让加里斯都挨了鞭子,然后听从法庭的审判,让他到撒丁岛的矿中去干活。

就算到了这地步,加里斯都的鬼点子还没用完。矿上也有其他的基督徒,和皇室有着密切关系,加里斯都便设法巴结他们,最后还和他们一起被解放了。主持这一次释奴仪式的罗马教皇发现自己竟毫无察觉地解放了一名臭名昭著的罪犯。他非常尴尬,便把加里斯都送到了安蒂姆①传教,每月还发给他一笔钱。谁说多行不义必自毙的?这个邪恶狡诈的奴隶后来还成了执事,最后当上了教宗。这就是基督教的领袖:一个来自最低等阶层的人,身上带着相应低劣的人品。

我知道,基督教徒很想要为奴隶待遇做点儿改变。他们认为在买卖奴隶的时候不应该造成骨肉分离。他们说,如果一旦有基督教徒成为皇帝——好像真有那么一天似的,他将颁布法令,规定在买卖奴隶时,丈夫和妻子,孩子和父母应该被一起买走。这位基督徒皇帝还会禁止在逃跑奴隶脸上打烙印。但是你得注意,这么做倒不是出于对逃跑者的同情(他们毕竟是罪犯),而是在基督徒看来,脸是用来面对他们唯一

---

① 安蒂姆(Antium),早期罗马帝国殖民地,现为意大利城市安齐奥。——译注

的主的，应该没有任何伤痕和破损。所以基督徒认为，烙印打在脚上或腿上更合适。我想他们应该还会下令，释放任何在主人强迫下卖淫的奴隶。

基督徒当然不会反对蓄奴，不像我那个难伺候的阿兰客人（详见本书前言）。不是为了他，我才懒得写这本书。但是，我们和基督徒都赞成只有忠诚服务多年的奴隶才有资格取得自由。奴隶服务满六年后，基督徒会在复活节放他们自由，基督教堂经常会协助办理释奴仪式。大多数基督徒都认为，教皇的宗教法庭，就算不高于，也和罗马法庭拥有一样的效力。

基督教徒一直都很关注性这方面的事，奴隶的性也在关注之列。有些人认为，主人不应该和奴隶有性关系，他们说当一家之主与女奴有染，形同女奴的丈夫，那么他的妻子也和奴隶没什么两样了。一家之主若做了不道德的事，也会对奴隶有不良示范。基督徒义正词严地说，主人之于全家就像人的头颅之于身体，他的生活方式是家中所有人的行为准则。为了和女奴发生关系，主人强迫女奴犯下奸邪之事，女奴便只能违背自己的意愿听从主人，成为满足别人淫欲的奴隶。以上是基督徒一贯的瞎说，如果你相信有钱的基督徒不会这样对待奴隶，你就太天真了。他们干吗不呢？再说了，还有女奴会不欢迎主人这么做吗？

— 评述 —

早期的基督教文本中，可见到许多来自奴隶制的影响。拉丁语中的"主"（Dominus）也被用于指"主人"，而"赎罪"的拉丁语词也有"赎回自由"一义。《新约》中还有大量关于对待奴隶的经文，这可能反映出，在早期，基督教是属于被压迫人民的宗教，所以对奴隶有很大的吸引力。反过来，这也表明了奴隶制的影响非常广泛，奴隶制用语渗透到社会生活的方方面面，甚至在宗教的新词中也经常可见。此外，这也说明有很多奴隶主信仰基督教，影响了该宗教的文本书写。不过我们不能因此下结论，认为相比于更早的思想流派（如斯多亚学派），基督教对奴隶更友好。

我们会认为，基督教教义有助于提升奴隶的地位，但现存证据尚无法说明，基督徒奴隶主待奴隶更好。基督教文学中，也没有更多的关注奴隶。在《路加福音7:1-10》（Luke 7:1-10）中，耶稣治好了一名百夫长的奴隶，并对百夫长的信仰多有赞赏，但他却并未对这名奴隶的地位做任何评价。基督教文学中也认为奴隶的道德水平普遍低下，我们找到了大量实例，证实基督教作者也会把他们信众的劣迹与坏奴隶的行为相提并论。但就像斯多亚学派一样，基督教文本中常强调奴隶也会表现出美德。

使徒保罗很谨慎，没有违反罗马法律窝藏逃跑的奴隶，而是将这奴隶送回到主人腓利门的手中，并对腓利门是否会对奴隶网开一面表示了担忧。这至少显示，基督教理想的奴隶主应该善待奴隶，不过，此等思想也可见于非基督教哲学，详见本书第四章。很难说这种观念在世俗世界中是否真的有很大影响力。

保罗还告诫奴隶应该听从主人，但是他也说，奴隶所受的痛苦就像耶稣受到的痛苦，这强调了他们未来有得到救赎的可能，然而却没有迹象能表明，他鼓励奴隶反抗甚至推翻现状。相反，奴隶被告知"要顺从主人，让他们在各方面满意；不能和主人顶嘴，不能偷他们的东西，要表现完全的忠贞"（使徒保罗，《给提图斯的信》，2:9-10，*Paul's Letter to Titus* 2: 9-10）。后来有一些基督教作家，比如约翰一世①，就将保罗把奴隶送还腓利门一事解读为奴隶制不该被废除。

公元312年，君士坦丁大帝改信基督教，这并没有对奴隶的困境有所改善。他通过法律反对在贩卖奴隶时造成妻离子散的情况（《狄奥多西法典2.25》），禁止在奴隶脸上打烙印，并禁止主人强迫奴隶卖淫。最后一条法律反映了基督教所强调的身体的道德性，

---

① 约翰一世（John Chrysostom，350—407），正教会的君士坦丁堡大主教，因口才出众，人称"金口"。——译注

说明主人和奴隶发生性关系在基督徒眼里，有着罗马人意识不到的重要性。

直到4世纪后期，神学家尼撒的格里高列才写出了第一部反对奴隶制的基督教著作《传道书》。学界认为，在所有宗教文学中，这都是第一部为废除奴隶制发声的古代著作，但我们尚不清楚这观念在当时是否激进，格里高列也可能只是试图劝说基督徒奴隶主善待奴隶。格里高列敢于倡导废除奴隶制，在古代社会中，他的声音绝对是独唱。

奸诈奴隶加里斯都后来成为教宗的故事，是他的对手希坡律陀（Hippolytus）[①]在公元217—222年写下的（《对异端邪说的驳斥》，*The Refutation of All Heresies* 9.12.1），因此故事中有添油加醋的成分。这也提醒我们，基督教内对奴隶制持不同看法，就像罗马人一样，基督徒对奴隶的态度因人而异。这些随着时间发展而逐渐趋同。

基督教布道文中认为奴隶道德低下的片段，见萨尔维安（Salvian）《上帝的主宰》（*The Governance of God* 4.3）。严厉反对主人对奴隶的性剥削，此书中也有提及。君士坦丁大帝立法禁止强迫奴隶卖淫，见《狄奥多西法典》（15.8.2）。保罗将逃跑的奴隶阿

[①] 公元3世纪罗马教会内的对立教宗，反对教宗加里斯都一世。——译注

尼西姆送回主人腓利门一事，见保罗《给腓利门的信》(*Letter to Philemon*)。

结语：再会！

以上就是豢养和管理奴隶所需要知晓的准则。

如果你认认真真、勤勤恳恳（像你要求奴隶们做到的那样）地阅读和学习了本书的内容，你就能成功收获高效管理奴隶的知识。你将学会如何行使权力，你还会了解奴隶制的理论，懂得怎样才能让奴隶好好干活，如何更好地训练他们；以及如何从你所拥有的财富中获得乐趣。你会学到解放奴隶的最好时机，让他们成为你忠诚的合伙人。你也会意识到身居高位时可能会遇到的麻烦，我也教了你化解之法。总而言之，你将了解如何成为一名优秀的奴隶主。

— 评 述 —

今天，再没有人会像法尔克斯一样，认为奴隶制是可接受且理所当然的。但是，在庆祝现代人的进步之前，我们应该牢记一个残酷事实——即使当今世界任何一个国家都认为奴隶制是非法的，但奴隶现象仍然存在。据非政府组织"解放奴隶"（Free the Slaves）估计，世界范围内仍有高达2700万人正在暴力威胁下被迫劳动，没有薪水也毫无逃脱的可能。如今这个世界上的奴隶，可比罗马帝国的任何时期都要多。

延伸阅读

若想参考原始文献的优秀译本,请见洛布古典丛书(Loeb Classical Library)[1]或企鹅经典(Penguin Classics)[2]。以下资料汇编的三本作品包含了有关古代奴隶制的文献节选,其拉丁语或希腊语的原文可以在洛布古典丛书中找到,且有对照的英译。更全面的一手文献译本,见托伊布纳希腊罗马作家丛辑(Teubner series)[3]。

关于古代奴隶制的一般性著作

Finley, M. I., *Ancient Slavery and Modern Ideology*, revised ed. by B. D. Shaw, Princeton, NJ: Markus

---

[1] 这是1912年开始出版的一套丛书,收录了中世纪前用希腊文或拉丁文写作的西方古典作品,均有希英或拉英对照。——译注
[2] 企鹅出版公司在1946年推出的一套经典文丛,丛书题材包含了各时期各国的经典文学、哲学、历史等作品。——译注
[3] 这系列作品从1849年开始,由托伊布纳(Teubner)出版社出版,收录最古老、稀有的希腊语和拉丁语作品。——译注

Wiener Publishers, 1998.

Finley, M. I. (ed.), *Classical Slavery*, with a new introduction by W. Scheidel, London:Cass,1999.

Garnsey, P., *Ideas of Slavery from Aristotle to Augustine*, Cambridge: Cambridge University Press, 1996.

Heuman, G., and Burnard, T., (eds), *The Routledge History of Slavery*, Abingdon, Oxon: Routledge, 2011.

资料汇编

Lewis, N., and Reinhold, M. (eds), *Roman Civilization: A Sourcebook*, New York: Harper Row, 1966.

Shelton, J., *As the Romans Did: A Sourcebook in Roman Social History*, Oxford: Oxford university Press, 1998.

Wiedemann, T. E. J., *Greek and Roman Slavery*, London: Croom Helm, 1981.

有关古罗马奴隶制的著作

Beard, M., 'Ciceronian Correspondences: Making a Book out of Letters', In T. P. Wiseman (ed.), *Classics in Progress: Essays on Ancient Greece and Rome*, Oxford: Oxford university Press, 2002, pp. 103–144.

Bradley, K., *Slavery and Rebellion in the Roman World 140 B.C.–70 B.C.*, Bloomington, Ind.: Indiana University Press, 1989.

Bradley, K., *Slavery and Society at Rome*, Cambridge: Cambridge university Press, 1994.

Bradley, K., *Slaves and Masters in the Roman Empire: A Study in Social Control*, Oxford: Oxford university Press, 1984.

Fitzgerald, W., *Slavery and the Roman Literary Imagination*, Cambridge: Cambridge university Press, 2000.

Glancy, J. A., *Slavery in Early Christianity*, Oxford: Oxford university Press, 2002.

Harper, K., *Slavery in the Late Roman World*, AD 275–425, Cambridge: Cambridge university Press, 2011.

Harris, W.V., 'Demography, geography and the sources of Roman Slaves', *Journal of Roman Studies*, 89 (1999), 62–75.

Hopkins, K., *Conquerors and Slaves*, Cambridge: Cambridge university Press, 1978.

Hopkins, K., 'Novel evidence for Roman Slavery', *Past & Present*, 138 (1993), 3–27.

Joshel, S. R., *Slavery in the Roman World*, Cambridge: Cambridge university Press, 2010.

Mouritsen, H., *The Freedman in the Roman World*, Cambridge: Cambridge University Press, 2011.

Rathbone, D., 'The Slave Mode of Production in

Italy', *Journal of Roman Studies*, 73 (1983), 160-168.

Scheidel, W., 'Human Mobility in Roman Italy, II: The Slave Population', *Journal of Roman Studies*, 95 (2005), 64-79.

Scheidel, W., 'Quantifying the Sources of Slaves in the Early Roman Empire', *Journal of Roman Studies*, 87 (1997), 156-169.

Schiavone, A., *Spartacus*, trans. J. Carden, Cambridge, Mass.: Harvard University Press, 2013.

Shaw, B.(ed.and trans.), *Spartacus and the Slave Wars: A Brief History with Documents*, Boston, Mass.: Bedford, 2001.

Toner, J., *Popular Culture in Ancient Rome*, Cambridge: Polity,2009.

Wiedemann,T. E. J., *Slavery* (Greece & Rome New Surveysin the Classics 19), Oxford: Clarendon, 1987.

关于希腊奴隶制的著作

Cartledge, P.A., 'Like a worm i' the bud? A heterology of classical Greek slavery', *Greece & Rome*, 40 (1993), 163-180.

Cartledge, P.A., 'Rebels and Sambos in Classical Greece: A Comparative View',in P.A.Cartledge & F.D.Harvey (eds), *Crux: Essays Presented to G.E.M. de Ste. Croix on his 75th Birthday*, London: Duckworth, 1985, pp. 16–46.

Finley, M. I., 'Was Greek civilization based on slave labour?', in his *Economy and Society in Ancient Greece*, B. D. Shaw and R. P. Saller (eds), London: Chatto & Windus, 1981.

Fisher, N. R. E., *Slavery in Classical Greece*, Bristol: Bristol Classical Press, 1993.

Garlan, Y., *Slavery in Ancient Greece*, trans. J. Lloyd, Ithaca, NY: Cornell University Press, 1988.

Jameson, M., 'Agriculture and Slavery in Classical Athens', *Classical Journal*, 73 (1977–78), 122–145.

Osborne, R., 'The economics and politics of slavery in Athens', in A. Powell (ed.), *The Greek World*, Abingdon, Oxon: Routledge, 1995, pp. 27–43.

Smith, N. D., 'Aristotle's theory of natural slavery', *Phoenix*, 37 (1983), 109–123.

Wood, E. M., *Peasant-citizen and Slave: The Foundations of Athenian Democracy*, London: Verso, 1988.

图书在版编目（CIP）数据

回到罗马做主人 /（英）杰瑞·透纳著；高瑞梓译. -- 北京：北京联合出版公司，2021.1
 ISBN 978-7-5596-4481-7

Ⅰ.①回… Ⅱ.①杰… ②高… Ⅲ.①古罗马—历史 Ⅳ.①K126

中国版本图书馆CIP数据核字（2020）第146028号

北京市版权局著作权合同登记 图字：01-2019-6959

How to manage your slaves
First published in the UK in 2014 by Profile Books
© Text and commentary Jerry Toner, 2014
© Foreword Mary Beard, 2014

Simplified Chinese edition copyright © 2020 by Beijing United Publishing Co., Ltd.
All rights reserved.

本作品中文简体字版权由北京联合出版有限责任公司所有

回到罗马做主人

作　　者：[英]杰瑞·透纳（Jerry Toner）
译　　者：高瑞梓
出 品 人：赵红仕
出版监制：刘　凯　马春华
选题策划：联合低音
责任编辑：黄　昕　闻　静
封面设计：何　睦　杨　慧
内文排版：薛丹阳

关注联合低音

北京联合出版公司出版
（北京市西城区德外大街83号楼9层　100088）
北京联合天畅文化传播公司发行
北京华联印刷有限公司印刷　新华书店经销
字数139千字　880毫米×1230毫米　1/32　7.5印张
2021年1月第1版　2021年1月第1次印刷
ISBN 978-7-5596-4481-7
定价：60.00元

版权所有，侵权必究
未经许可，不得以任何方式复制或抄袭本书部分或全部内容
本书若有质量问题，请与本公司图书销售中心联系调换。电话：（010）64258472-800